ビギナーでもうまくいく
**快適キャンプの**
**基本&実用ノウハウ**

# オートキャンプ パーフェクト マニュアル

*Auto-Camping Perfect Manual*

# オートキャンプ パーフェクト マニュアル

Contents

## PART2 テントサイトを設営しよう！

# 太田流 野外生活の極意、教えます。

## PART4 撤収はスマートに美しく！

## PART6 オートキャンプ知っ得ファイル



COLUMN

## PART5 衣・食・住の道具を選ぼう！





# さぁ、はじめよう！

Enjoy AUTO CAMP

# 癒しのオートキャンプ

いつの間にか、自然と対立するような存在になってしまった現代人。しかし沢山の人々が野山を愛し、草花を美しいと感じているのは昔も今も変わりません。これは永い間、自然と共存してきた人間の営みを証明しているように思えます。

　都会暮らしの経験しかない人でも、自然に抱かれることの気持ちよさは、草木の茂ったキャンプ場に身を置けばスグに体感できて、気持ちがほぐれ、くつろいでいることで判るでしょう。皆さんは忙しい日々の中で忘れているかもしれませんが、多くの人々は自然が大好きなのを私は知っています。だから、オートキャンプを楽しみ、癒しの時間にしてほしいと願い本書を書きました。

　本書は初めて出掛けるオートキャンプでも困らないように、準備する道具から衣・食・住（キャンプサイト）全てを丁寧に解説しました。移動手段のクルマやペット（犬）にも対応しています。本書を見ながら気軽にオートキャンプにでかけてください。あなたとご家族の素敵な時間を演出する一助になれたら幸いです。

**ピース！**

## PART 1

# オートキャンプに出かけよう！

オートキャンプは行く前から楽しいものです。家族や仲間たちと「どこへ行こうか」「何をして遊ぼうか」と、ワイワイ話し合っているうちに、気持ちがワクワクしてきます。ここでは、まずオートキャンプの魅力を丸ごと知ってもらい、スケジュールの立て方やキャンプ場の選び方、予約方法について一緒に見ていきましょう。

# オートキャンプはこんなに楽しい

## オートキャンプでは4つの楽しみが体験できる

車を使って気軽に出かけるオートキャンプ。目的は日常からの脱却です。自然を身近に感じ、不便さを楽しむ。家族や友人、自分のために使う時間をぜいたくだと感じる心が大切です。みんなで工夫をすれば、きずなも深まります。まずは身体中で大地を感じてください。

### その1 不便さを楽しんでしまおう!

便利な暮らしに慣れて忘れている、“工夫する感覚”を呼び戻しましょう。不便な環境は、工夫と発明の発信地でもあります。足りない道具を工夫で補ったときの記憶は思い出となり、そんな小さな感動の積み重ねがキャンプを楽しくします。道具に頼り、便利さだけを追求しては面白いキャンプになりませんよ。

### その2 自然を相手に野遊びを楽しもう!

キャンプサイトに広がる景色は、湖畔でしょうか？　森でしょうか？　いずれにしても美しい景色が広がっていると考えてください。その景色を見て美しいと感じるだけでは、車窓から眺めているのと同じです。一歩踏み出し、自然に触れてください。そんなささいなことが、野を遊ぶ最初の一歩なのです。

## その3 時間をぜいたくに使おう!

何をするにも効率を考え、時間の短縮を求める現代社会では、自分のために時間を使うことが最大のぜいたくです。食べて寝ることだけに時間を使っても構いません。シンプルな生活をどれだけ楽しめるかが、キャンプの価値だといえます。

## その4 家族のきずなを深めよう!

すべての道具が揃い、何の苦労もないキャンプでは家族のきずなは深まりません。なぜならば、工夫の余地が少ないからです。道具や材料が少し不足しているときに、危険のない範囲で知恵を出し合う環境こそ、きずなを深めるには最適なのです。

# 目的に合ったスケジュールを立てる

## 2つのモデルスケジュール

### まずはデイキャンプからはじめよう!

デイキャンプを受け付けてくれるキャンプ場に、出かけることからはじめましょう。お弁当持参なら、家庭用カセットコンロとヤカンがあれば充分楽しめます。まずはお湯を沸かしてお茶やコーヒー、カップ麺を食べてみましょう。おいしく感じたら、あなたも立派なキャンパーです。

近場のキャンプ場へ

### デイキャンプのモデルスケジュール

日帰りなので、車で片道2時間以内のキャンプ場がいいでしょう。また、初めての場合は、キャンプ道具の取り扱い説明書も忘れずに持参しましょう。明るいうちに撤収できるよう、時間配分も忘れずにしてください！

日帰り

| | | |
|---|---|---|
| 8:00 | 自宅出発 | **忘れ物のないようにチェックして！**<br>少ない時間を有効に使うためにも、キャンプ場で料理する場合は下ごしらえをしてから出かけよう。 |
| 10:00 | キャンプ場到着 | **チェックインをしよう！**<br>デイキャンプでは、早めにチェックインをさせてくれる場合が多いので、この時間には到着したい。 |
| 10:30 | 設営 | **日帰りでもサイトはつくるよ！**<br>テーブルとチェアを中心に、タープやバーベキューグリルがあれば設置しよう。テントの設営練習も可能。 |
| 13:00 | 食事 | **お弁当持参？　それとも調理する？**<br>バーベキューなど、炭火を使って調理する場合は、火起こしからはじめる。慣れるまでは時間に余裕を持てるよう、早めに準備しよう。 |
| 15:00 | 撤収 | **慣れるまでは1時間以上はかかる！**<br>食器洗いや道具の撤収は、炭火を使うと後始末に時間がかかる。慣れるまでは早めに撤収しよう。 |
| 16:00 | キャンプ場出発 | **疲労するまで遊んではダメ！**<br>道程を考えてキャンプ場を出発しよう。今回、必要・不要だと思った道具をメモしておくと、今後の道具選びに役立つ。 |

1泊のキャンプが主流

# 泊まりのキャンプのモデルスケジュール

夜テントで眠り、朝目覚める……。たったこれだけのことが新鮮に感じるのがキャンプです。まずは週末を利用して、1泊2日のキャンプに出かけてみましょう。初心者でも1泊なら気分もラクラクです。

**1日目**

| | | |
|---|---|---|
| 10:00 ▶ | 自宅出発 | **遠すぎないキャンプ場へ出かけよう！**<br>荷物を積んだら出発。慣れないと意外に時間のかかる積み込み作業は、早めに終えておきたいところ。 |
| 13:00 ▶ | キャンプ場到着 | **買い出しはキャンプ場近くでも可能**<br>受付でチェックインを済ませたら、キャンプ場のスタッフに施設やゴミ捨てルールなども確認しておこう。 |
| 13:30 ▶ | 設営 | **みんなで協力してサイトをつくる！**<br>荷物を降ろしてテントとタープを設営する。テーブルとチェア、キッチンまわりを設置してからひと休み。 |
| 14:00 ▶ | 昼食 | **簡単に済ませるように準備する！**<br>遅くなることが多いので、簡単な食事を用意するか、キャンプ場に到着する前に済ませておこう。 |
| 15:00 ▶ | 野遊びタイム | **遊びながら夕食の準備もする！**<br>それぞれが好きに時間を使えばよいのだが、慣れるまでは日没前に夕食の準備を済ませておきたい。 |
| 18:00 ▶ | 夕食 | **キャンプのメインイベント！**<br>料理の仕込みや炭火起こしは、暗くなる前に終わらせておく。準備が整えば、ゆっくり時間をかけて楽しめる。 |
| 21:00 ▶ | 就寝 | **入浴する時間も確保しよう！**<br>キャンプ場の夜は早い。そのため、22時以降に起きている場合は、周囲に迷惑をかけないようにお静かに！ |

**2日目**

| | | |
|---|---|---|
| 7:00 ▶ | 起床 | **早起きは気持ちいい！**<br>早朝のキャンプ場は特に気持ちがいいもの。しかし、7時前に起きるときは静かにするのがルール。 |
| 7:30 ▶ | 朝食 | **食欲はモリモリ！**<br>朝食は炭火を使わず手軽に調理できるメニューにすると、撤収がスムーズに進行する。 |
| 8:30 ▶ | 野遊びタイム | **食後の一服！**<br>ここはフリータイム。読書や歓談など、気ままにのんびりお茶でも飲みながら休憩しよう。 |
| 9:30 ▶ | 撤収 | **リーダーの段取りが命！**<br>かたづける順番を決めてから取りかかろう。時間をかけて丁寧にかたづけると、次回のキャンプが楽になる。 |
| 12:00 ▶ | キャンプ場出発 | **チェックアウトも忘れずに！**<br>サイトを見回して、忘れ物や落とし物がないかチェックしたら、管理人さんにあいさつをして出発しよう。 |

**STEP UP**

### 連泊キャンプにも挑戦してみよう！

1泊2日のキャンプに慣れてくると、時間に物足りなさを感じる。そんなときは、金曜日の午後から出かける2泊3日や、長期滞在キャンプに挑戦しよう。1日をのんびり過ごせるキャンプ体験では、新たな楽しみが発見できるだろう。

# ロケーションを選び キャンプ場を決める

## オートキャンプ場には 6つのロケーションがある

**山と海に囲まれた日本には四季があります。当然キャンプを楽しむ場所や季節も変化に富んでいます。山に向かえば高原、林間、草原があり、湖畔や川岸にも素敵なキャンプ場があります。また、海岸沿いや離島にもキャンプ場はあります。サァ！ あなたはどこへ出かけますか？**

サイトの種類を知る

### 区画サイトとフリーサイト

テントを立て、タープを張り、１日を過ごす場所となるキャンプサイトには、区画サイトとフリーサイトの２種類があります。どちらにも一長一短がありますから、ここではそれぞれの特徴について解説します。

区画サイト

**仕切りがあるため 安心感が生まれる**

駐車場とテントやタープを張る場所が、決められているサイトのこと。AC電源やシンクが設置されているキャンプ場もある。また、区切られているため、予約をしていれば混雑期でもスペース確保で困ることはない。

フリーサイト

**好きな場所にテントを張る 自由気ままさが魅力**

場内の決められた範囲であれば、好きな場所に車を停めてテントを張ることができるサイトのこと。混雑していなければ、広いスペースを確保することも可能。自然と一体になれる醍醐味を得られることが、何よりの魅力だ。

## 魅力ある立地を選ぶ
# 6つのロケーション

キャンプ場は、ロケーションによって趣が異なり楽しみ方もそれぞれ。高原で自然観察、湖畔ではフィッシングやカヌー遊び。また、夏には涼を求めて川岸へ、秋は紅葉を望みに林間へと、季節によって場所を選ぶ楽しみもあるのです。

**手軽なキャンプならここ！**

釣りや川遊びができるため、子ども連れに人気。比較的都心から近い場所にあり、デイキャンプにも向いているといえる。

**広い空に瞬く星を眺めよう！**

標高があるため見晴らしがよく、夏に涼しいキャンプが期待できる。また、昆虫採集や星空観察といった楽しみもある。

**アウトドアスポーツを楽しむ！**

釣りやカヌー、サイクリングなど、遊びの幅の広さは湖畔ならでは。開放感のあるサイトが多いのも魅力的。

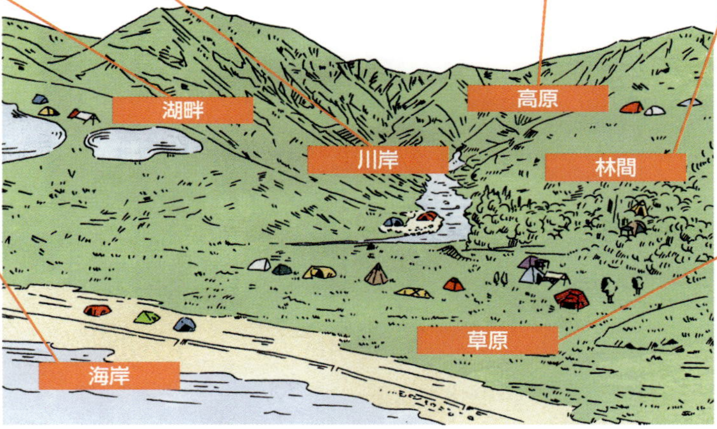


**夏でも快適なキャンプができる！**

サイトが木陰に入るため、夏は涼しいキャンプが楽しめる。昆虫採集など、自然の遊びを身近に体験できるのも魅力だ。

**夏のレジャーを楽しむ！**

夏は海水浴が楽しめる。他にも釣りや磯遊びも楽しめるため、子どもたちの夏休みに最適の場所ともいえる。

**ふかふかの芝生は寝心地抜群！**

緑の芝生が敷き詰められた、フリーサイトのキャンプ場が多い。広大な敷地にテントを張る開放感が、魅力のひとつだ。

## テントだけではない
# キャンプ場の宿泊施設

キャンプ場には、キャビンなどの宿泊施設を設置しているところがあります。テントで寝るのに抵抗があったり、道具が揃っていないときは利用しましょう。また急な荒天時は避難場所として使えることも覚えておくと安心でしょう。

### コテージ

**広い空間と豪華な設備はグループでの宿泊に最適**

別荘風小住宅、キャビンの豪華版ととらえればわかりやすい。スペースが広く、グループでの宿泊向き。

### キャビン

**食材だけを持ち込んで別荘感覚で泊まれる**

トイレ、キッチン、ベッド、場所によってはテレビや冷蔵庫、お風呂まであり、設備にはこと欠かない。

### バンガロー

**テント泊に近い木造の簡易な宿泊施設**

設備のない板張りの小屋。寝袋で寝ることが前提なので、テント以外のキャンプ道具は必要になる。

### トレーラーハウス

**キャンプの本場欧米スタイルを実感**

宿泊施設として常設しているキャンプ場もある。コンパクトながら、設備が充実していて人気が高い。

# 失敗しないためのオートキャンプ場の選び方

## 情報の収集と整理がキャンプ場選びの最大のポイント!

ガイドブックやインターネットで情報収集します。ただ、実際に出かけると掲載されている情報と微妙に違ってガッカリ……なんていうこともしばしば。そうならないためには、電話予約の際にキャンプ場のスタッフに、詳しい情報を聞くのもひとつの手でしょう。

キャンプ場を知るために

### ガイドブックを活用する

キャンプ場選びにはガイドブックが役立ちます。写真やデータを確認しながら、自分たちの目的や予算に合ったキャンプ場を探します。ここではガイドブックを参照する際に、押さえておくべきポイントを紹介します。

**モデル料金**

大人2人、子ども2人で1泊した場合の料金。3,000～6,000円くらいが相場だ。

**場内施設**

AC電源やお風呂、ランドリーなどの施設がキャンプ場に設置されているかどうかが分かる。

**利用条件**

ペット連れが可能か、キャンピングカーが入れるかなど、入場にかかわる条件を明記している。

**開設期間**

山間部は秋と冬に閉鎖しているところが多い。また、通年営業でも年末年始は営業していない場合がある。

**総サイト数**

そのキャンプ場で何組がキャンプできるかを、サイトの数で表したもの。宿泊施設でいうところの客室数。

ドッグランで犬を遊ばせる ››› P144

料金だけでは決められない！

# キャンプ場選びのチェックポイント

キャンプ場選びは、以下の4つの項目を材料にして絞り込みます。さらに、「自分のキャンプスタイル」をイメージして、優先順位も決めておくといいでしょう。

## その1 費用

### キャンプ場利用料と諸経費がかかる

キャンプをするのに必要な費用は、高速道路代などの交通費やガソリン代、それに食費と炭などの燃料代が、キャンプ場利用料のほかに上乗せされると考えよう。

**キャンプおこづかい帳**

| | |
|---|---|
| 交通費 | 5,000円 |
| ＋ | |
| ガソリン代 | 2,400円 |
| ＋ | |
| キャンプ場代 | 6,000円 |
| ＋ | |
| 食費 | 12,000円 |
| ＋ | |
| そのほか | 2,000円 |
| **合計** | **27,400円** |

※家族4人（大人2人、子ども2人）が、東京から出発し、山梨県・河口湖のキャンプ場に1泊した場合にかかる費用の大まかな目安を表したもの。

## その2 場所・ロケーション

### 1泊なら3時間圏内がベスト

自然豊かなキャンプ場といえども、海や山、川、草原などその立地はさまざま。自分好みの場所を選ぼう。1泊なら車での移動時間は自宅から3時間圏内がベスト。

## その3 施設

### 人気は高規格のキャンプ場

初心者なら施設が充実しているキャンプ場が無難。シャワー付きトイレや温泉が設備されていたり、バリアフリー対応やドッグラン付きのキャンプ場も増えている。

▲ドッグラン付きのキャンプ場が人気

## その4 サービス・イベント

### お得な情報を活用しよう

さまざまなサービスやイベントを用意しているキャンプ場。キャンプ場ならではの体験イベントは、子どもたちに人気。また、利用料金がお得になるサービスもある。

**人気のサービス・イベント**

**平日割引サービス**
予約が休前日に集中するため、平日の場合10～50%の割引サービスを実施しているところがある。

**連泊割引サービス**
連泊をすれば、利用料金が安くなるサービスを行っているキャンプ場は多い。GWや夏休みに利用したい。

**自然体験教室**
季節や週末ごとに、キノコ狩りやクラフトづくりなど、家族揃って参加できるイベントを用意している。

電話で行うのが基本

# 予約の方法

キャンプ場の予約は電話で行います。その際に予約したい日程と参加人数を伝え、必要であればレンタル用品やイベントへの参加も予約しましょう。また、インターネットで予約を受け付けているキャンプ場もあります。

## その1 随時受付

年間予約の受け付けに制限がなく、たとえば4月の時点で翌年3月の予約も可能。

## その2 ○ヵ月前から受付

たとえば3ヵ月前から受け付けできる場合、7月30日の利用なら4月30日から予約可能。

## その3 ○ヵ月前の1日から受付

たとえば3ヵ月前から受け付けできる場合、7月30日の利用なら4月1日から予約可能。

**ATTENTION!**

### 予約のキャンセルには料金が発生する？

予約を取り消した場合、キャンセル料が発生するキャンプ場もある。予約時に、利用日の何日前からキャンセル料が発生するかも確認しておくといいだろう。

COLUMN ⇒ 1

# もっとも手軽な日帰りキャンプ

キャンプ場に泊まらずに日帰りするキャンプ（以降デイキャンプ）は、ほとんどのキャンプ場で可能だ。慣れないテント泊に不安があれば、先ずはデイキャンプから始めてみるといいだろう。田舎をイメージするキャンプ場だが、東京都内にも数カ所あるので、ご自宅近くにも穴場が見つかるかもしれない。

キャンプ場の予約をしたら、家にある容器に下準備した料理の材料を詰め込み、楽しい仲間や家族と出かけよう。必要な道具は焼網など数点。テーブルとイスを持っていたら、キャンプ場での自由が広がるが、なくてもキャンプ場に備えつけのテーブルとイスを利用すれば大丈夫だ。お皿やスプーンなどの食器は、普段使いを持っていけるのがオートキャンプ。キャンプ専用食器は、必要を感じてから購入しても遅くはないだろう。

PART 2

# テントサイトを設営しよう！

キャンプ場に着いたら、自分たちが住む家をつくりましょう。
オートキャンプでは、家のことをテントサイトと呼んでいます。
みんなで協力して立てたテントが寝室になり、タープがリビングになるのです。
キャンプ場で快適に過ごせるかどうかは、ここで紹介するテントサイトの
場所選びから、設営までの時間にかかっています。

# チェックインの方法と場内施設の確認

## 施設を把握して有効活用すれば楽しさアップ！

キャンプ場に到着して最初にするのはチェックイン。次にするのは、キャンプ場内の各施設の内容と場所を確認する作業です。受付時にある程度の説明はしてくれますが、自分の目で確かめて有効活用したいところ。利用時間に制限がある場合は、その確認もしておきましょう。

料金は前払いが基本！

### チェックインの方法

料金を支払い、駐車券と案内地図をもらう。区画サイトを予約した場合は、ここでサイトを指定される。家族風呂などの予約を希望する場合もここで。

**周辺情報も教えてもらえる**

わからないことや疑問に思うこと、周辺情報などを具体的に質問すれば、スタッフは答えてくれる。

利用のポイント

### 場内施設の確認

トイレや炊事棟といった定番施設から、温泉やドッグランなどの人気施設まで、オートキャンプ場にはさまざまな施設があります。まずは自分で確認して、有効利用しましょう。キャンプがより充実したものになります。

**夜間閉鎖の場合もある**

入り口にゲートがあり、出入り時間を制限しているキャンプ場もある。必ず確認しておこう。

**管理人さんはいるの？**

管理棟内や付近には、さまざまな施設が集約されている。管理人さんの勤務時間の確認もしておこう。

**全体を把握するために**

自分のサイトの位置と、施設の場所を確認するために見ておこう。

### トイレ

**清潔なトイレが増えた**

かつては嫌われたキャンプ場のトイレも、今や水洗が常識。シャワーつきも珍しくない。

### バーベキュー場

**手ぶらで出かけても大丈夫！**

バーベキュー場を設置しているキャンプ場は、食材から道具まで、すべて揃うところが多い。利用は別料金が基本だ。

### 売店

**忘れ物があっても大丈夫！**

キャンプに必要なモノはひととおり揃っている。キャンプ場によっては、野菜を1個から売っているところもある。

### シャワー

**コインシャワーが基本**

お風呂や温泉代わりに設置しているキャンプ場や、風呂と併設しているところがある。

### ゴミ捨て場

**細かな分別が必要**

それぞれのキャンプ場によって、ゴミ捨てのルールが決まっている。面倒でも、必ずルールに従って処理しよう。

### レンタル品

**ここでしか楽しめない遊びを！**

自転車のようなレジャー品から、テントやバーベキューグリルなど、さまざまなものを貸し出してくれるキャンプ場もある。

### ランドリー

**長期滞在には助かる**

乾燥機まで設置しているキャンプ場もあり、子ども連れには重宝する。

### 風呂・温泉

**温泉＋キャンプ＝極楽**

お風呂や天然温泉を備えたキャンプ場もある。また、予約をすれば家族風呂が使える場合もある。利用料金が必要なのが基本。

### 宿泊施設

**シンプル施設から高級施設まで**

宿泊施設にはいくつかのタイプがあり、キャンプ場によって備える宿泊施設の内容と値段は違う。利用には確認と予約が必要だ。

### AC電源

**電源サイト限定利用**

炊飯器の使用から、携帯電話の充電まで、便利なAC電源。コタツだって使える。

### ドッグラン

**犬連れキャンプ歓迎！**

ドッグランとは、犬専用の運動場のこと。ここでは愛犬のリードを外して、思い切り遊ばせてあげよう。

### 炊事棟

**お湯を使える場合もある**

基本的に調理の下ごしらえと、食器のあとかたづけに使うところ。混雑時にお互い譲り合い、気持ちよく清潔に使おう。

# 気持ちのいいテントサイトの選び方

## 8つのポイントを覚えて 賢いサイトづくり

テントサイトを選ぶときは、いくつかのチェックポイントを確認しながら進めましょう。ただし、混雑時には自由にサイトを選べないこともあります。そんなときはスタッフの指示に従いましょう。人間の手が加えられていない自然の中でキャンプする場合は、特に重要なことです。

気持ち良く過ごすために！

### テントサイトのチェックポイント

安全を確保することが、もっとも重視すべきポイントです。そして、キャンプ場はひとつの社会でもありますから、身勝手な行動で他人に迷惑をかけないようにしてください。では、ひとつずつ解説していきましょう。

POINT 1

### チェックインは早めに

**早め早めの行動を心がけて すべてに余裕を持とう！**

区画サイトでも、先着順に割り振っていくことが普通。当然早く到着すれば、優良サイトを確保できる確率が高くなる。もちろんフリーサイトは早いもの勝ち！ 早めのチェックインは重要だ。

POINT 2

### プライバシーを確保する

**道路から近い場所は避けて 独立性を確保できるサイトを選ぶ**

車や人が頻繁に通る道路から、離れたサイトを選ぶようにしよう。また、仕方なく他人の視線にさらされるサイトになった場合は、サイトレイアウトの工夫で対処しよう（詳しくはP22-23へ）。

POINT 6

## 夏は涼しい場所を選ぶ

### タープだけで日差しは避けられない

高地は気温が下がるため、夏に涼しい場所といえば高原だ。しかし日中の日差しは思いのほか強いのも事実。日陰がないと、紫外線で体力の消耗も激しくなる。木立や地形から日陰を求めよう。

POINT 7

## 気持ちのいい地面を選ぶ

### サラリと乾いた地面が理想

気持ちのよい地面とは、芝生や乾いた地面のことを指す。他には第六感を働かせて自然に落ち着ける場所を探すのも秘訣。水が溜まるような場所は避けること。

POINT 8

## 川の中州は絶対に避ける

### 多くの事故から教訓を得よう

中州は独立性も高く快適に思えてしまいがちだが、もっとも危険で事故もたくさん起こる場所。雨が降っても上流の増水にはなかなか気づけないもの。**誰も助けることができない絶対禁止の場所だ！**

POINT 3

## 風が吹き抜ける場所は避ける

### 夕方・早朝は風が吹く時間だと覚える

どんな場所にも風は吹くもの。風の通り道にサイトをつくると、朝夕に一時的に吹く風でさえ、影響を受けて大変な思いをするハメになる。もちろん荒天時は、強い風に悩まされることが確実だ。

POINT 4

## がけ崩れの危険がある場所は避ける

### 背後のがけに注意して！

基本的にはキャンプ場であれば安全だといえるが、相手は地球なので絶対だとはいいきれない。がけが迫っているような場所にテントを設営するのは、極力避けるのが賢明だ。

POINT 5

## くぼ地は雨水がたまるので避ける

### 不意の雨にも対応できるサイトを選ぶ

雨が降り出すと、くぼ地に水が集中し、サイトは水浸しになる恐れがある。地面が湿っていたり粘土質だったら、要注意だと覚えておこう。極力避けるべきといえる。

# テントサイトの基本レイアウト

## 4つのパターンを覚えて快適サイトづくり

それではテントサイトの設計について考えてみましょう。設計というと少し大げさですが、ドームテント、ヘキサタープ、テーブルとイス、キッチンを例にして、自動車とサイト内の位置関係を考えてみました。最優先項目は、人間の動線と風向きです。

わたしのオススメ！

### 円形に動線を確保したサイト

テントサイトにスペースがあれば、最良と思えるレイアウトがこれだ。人間の動線は円を描くようにそれぞれの備品を配置している。ヘキサタープには、ポールを２本追加して居住性を向上させているので見逃さないでほしい。この２本の追加ポールがないと、使いにくいサイトになってしまうだろう。

**注目！ポール２本追加で快適サイトへ**

通常ヘキサタープの丸で囲った部分は、ロープを通して地面にペグ打ちするのだが、この部分のグロメット（金属で囲われた穴）にポールを２本追加することで、上下の空間を広げて使えるようにした。タープの開口部は車のサイドドアへと真っ直ぐに向くことで、車との関係も良好に保てる。

俯瞰図

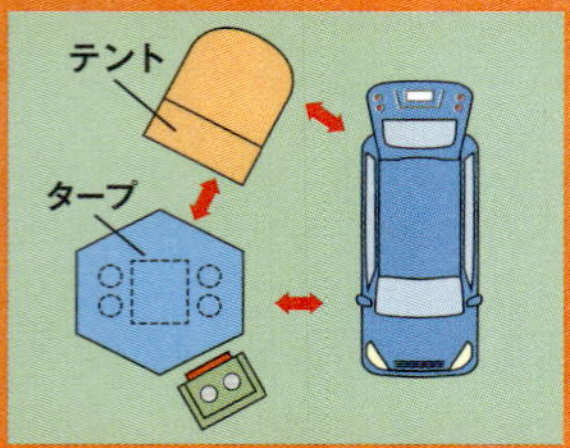


タープ開口部と車のサイドドアを真向かいに設置。さらに車のバックドアが開く間隔を保ちながらテントを設置。公道側にキッチンを置き、人間の動線を円にしている。

キッチンスペースの基本レイアウト »» P072

## パターン1 L型配置の開放的なサイト

自動車を中心にしたレイアウト。テントの出入り口は車のサイドドアの真向かいに設置し、車のバックドアの後方にタープを設置して、独立した動線をつくる。キッチンはテントとタープの間へ。

**俯瞰図**

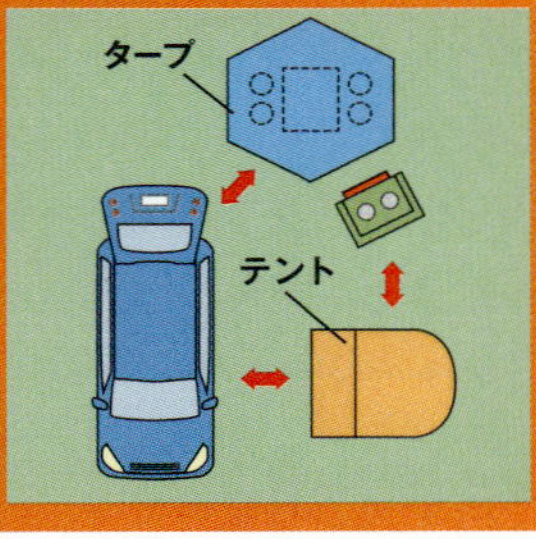


テントはサイドドアに向け、タープはバックドアの後方へ開口部を向けるが、間隔を取りロープやペグに支障のないように！キッチンはテントとタープの間。

## パターン2 三方を囲む独立性の高いサイト

タープを中心に考えたレイアウト。公道側に開口部を向けてタープを設置。タープのやや後方に車を置いて、サイドドアとの関係も確保する。テントはタープ開口部反対側に出入り口を向けて設置して動線を確保する。

**俯瞰図**

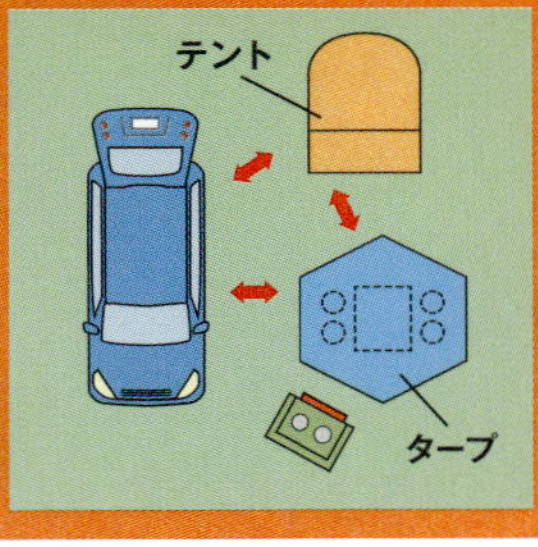


タープを公道に面して開口させているので、プライバシーの確保が重要。キッチンを置いて半分塞ぐが、残りはサイトと公道との出入り口とする。

## パターン3 開放的な伸び伸びサイト

車のバックドアを優先活用する直線的レイアウトだ。移動距離は長いが、その分歩行事故も少ないといえる。夜間はタープの開口部両側にランタンを吊るせば、夜間の明かりの確保も簡単だ。

**俯瞰図**

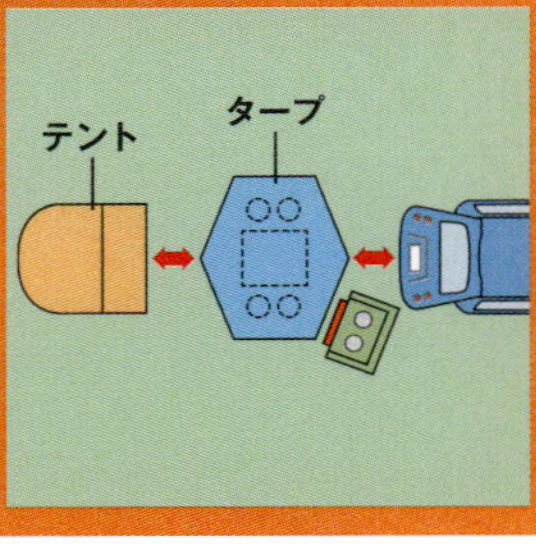


車の後方に開口部をバックドアに向けタープを設置。タープの反対側には出入り口をタープに向けてテントを設営。キッチンはタープの開口部付近に設置する。

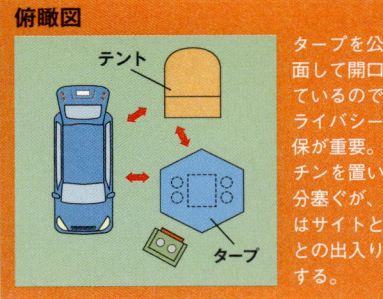

# 自分に合ったキャンプスタイルを選ぼう

## キャンプスタイルによって道具の選び方も変わってくる

同じキャンプでも、選ぶ道具によってそのスタイルは異なるものになります。キッチンを設けて立って調理をするのが前提のハイスタイル。視線を低くして、より開放感を求めるロースタイル。リラックス度を高めたグランドスタイルなど、自分に合ったスタイルでキャンプを楽しみましょう。

### 高さによって変わる
### 3つのキャンプスタイルの特徴

3つキャンプスタイルの差は、テーブルやチェアの高さで決まります。それによって、揃える道具も違ってきますから、道具を選ぶときはスタイルが混在しないように注意しましょう。中心に考えるのはテーブルです。

### ベーシックな「ハイスタイル」

**家庭と変わらないスタイル**

ドームテントとヘキサタープの組み合わせが基本のスタイル。キッチンスペースを別に置き、広いリビングでは食事だけを楽しむ。まさに家庭と同じスタイルなので、違和感なくキャンプを楽しめるだろう。高さ70cm前後のテーブルを基準に、立ち座りを頻繁にしやすい、フォールディングチェアを選ぶと活動しやすいだろう。

## 人気の「ロースタイル」

### 大自然の景色を堪能する

高さ約50cmくらいのテーブルを基準に、チェアもこれに合ったものをセレクトするのがロースタイル。視線が低くなり、足を伸ばせる開放感が魅力のスタイルだ。リビングはヘキサタープやウイングタープが過ごしやすい。タープの開口部を景色のいいほうに向けて、自然の中にいることを満喫しよう。

## くつろぎの「グランドスタイル」

### キャンプ＋ピクニック

レジャーシートやグランドシートの上に、お座敷のようなリビングをつくるキャンプスタイル。チェアを使わないので、テーブルは30cmくらいのものにしたい。いつでもゴロ寝ができるから、リラックス度は最高。イスに座らせるのが心配な小さな子どもでも安心できるし、イスがない分、他のスタイルより道具を減らすことができる。

# フリーサイトと野営場 その違いとサイト選び

## 区画サイトでは味わえない自然の醍醐味が魅力

割り振られて線引きされている区画サイト。整備されたグラウンドは快適なキャンプを約束してくれますが、区画サイトは限定されていて自由なレイアウトで過ごすには不向きです。そんなとき、自然な環境に近いフリーサイトや野営場が魅力的に見えてくるのです。

呼び方だけではない！

### フリーサイトと野営場の違い

フリーサイトと野営場の違いは、車がキャンプサイトまで入れるかどうかにあります。サイトまで車を乗り入れることができるサイトをフリーサイトと呼び、駐車場から荷物を運ぶスタイルのサイトを野営場と呼ぶのです。

**シンプルキャンプなら野営場でもOK**

フリーサイトと違い、駐車場に車を停めてキャンプ道具を運ばなければならないのが野営場。運搬用に、一輪車やリヤカーを無料で貸し出してくれるキャンプ場もある。車中心のサイトづくりは不可能だが、魅力はある。

ペグの打ち方 »» P094

工夫して楽しもう！

# フリーサイトの選び方とポイント

すべて違う地形のキャンプスペースだと考えるのがフリーサイト。場所選びは重要ですが、快適なサイトを設営するには、少しの努力も必要です。人気スペースには常連さんがいるほどなのです。

POINT 1

## フリーサイトこそ早い者勝ち

### 自分のサイトは自分で決める

敷地内であればどこに設営してもいいので、快適なスペースから利用されてしまうもの。早く到着すれば広さも自由に選べる。

POINT 2

## 直射日光と風は避ける

### 木立を利用するのが一番

フリーサイトには立ち木があるので、それを利用して風や日差しから逃れるようにサイトを設営しよう。風の道も考えればカンペキ。

POINT 3

## 設営時の注意点

### 快適に過ごすための努力

大きな石や岩が転がっていたら、まず地面の整地からはじめよう。木立の間に上手にサイトを設営しよう。

POINT 4

## 覚えておきたいテクニック

### ◀ペグの代わりに石を使う

地面が硬いなど、ペグが思うように打ち込めない場所では、大きな石にロープを巻いて固定してペグへの補強に使ったりしよう。

### ▶立ち木にロープを巻いて固定する

立ち木があれば、ソレを利用してロープで固定する方法もある。石より確実なのでオススメするが、木を傷つけないようにしよう。

STEP UP

## キャンプに役立つロープワーク

簡単で応用範囲の広い「モヤイ結び」を紹介する。結びの王様とも呼ばれているので、是非覚えて欲しい。

**ループをつくる**

ロープをリングに通し、ロープ本体側が交錯したロープの下になるようにループをつくる。

**ループに入れる**

つくったループの下側から、ロープ先端をループに入れ引き出してく。

**ループの下を潜らせる**

今度は長いロープ本体側の下側を潜らせる。

**先端をループに戻す**

長い本体側ロープを巻くように、先端をつくったループに戻す。

**結び目を絞める**

ループを持って、本体側ロープを引く締めれば完成。

# 工作感覚で楽しむ テントの設営

## ドームテントとツールームテントがオートキャンプの主流

ドームテントとタープを利用するのが、もっともベーシックなキャンプスタイルですが、この2つの要素を兼ね備えたツールームテントも人気です。ドームとツールーム、どちらを選択するかは好みによって分かれます。ここではそれぞれの設営方法を解説しましょう。

居住性は抜群！

### ツールームテントの設営方法

前室（リビング）が広く、高さにゆとりがあるため居心地は抜群。どちらかといえば長期滞在のキャンプに適した特性がありますが、その分設営には少し手間と時間がかかります。小川キャンパルのティエラ5-STを例に解説します。

**部品の確認からはじめる**

ポールは数種類あるのが普通。長さや太さの違いを説明書で確認しておこう。

**設営位置を決める**

ツールームテントは設営後の移動は困難。設営する位置をしっかりと決めよう。

太田流 極意
移動するのは困難。
位置決めは確実に！

**メインポールを組む**

付属のシートでテントの枠と位置を決めたら、ポールを組み立てて、おおよその位置に配置する。

ポールは基本的に色分けされているので、迷うことはない。

028

テントしまい方 »P091　テントの種類と特徴 »P118

### メインポールを立ち上げる

2人で作業すると快適にできる。お互いにポールを押して立ち上げたら、地面に張ったシートのフックやクリップにポールを刺し込む。

ポール端の開口部に、シートに付属するクリップを差し込む。

### サブポールを組み立てる

ポールとジョイント（連結部）の色が合うように、サブポールを組む。

### インナーテント（内側のテント）を吊る

組み立てたポールに寝室となるインナーテントを吊るす。テントに付いているフックを確実にポールに組み付けよう。

フックでインナーテントを吊り下げたら、アジャスターベルトを引いて張りを調整する。

### インナーテントの完成

インナーテントのできあがり。これで寝室は完成だ。フレームの構造がよくわかる。

### フライシートを掛ける

フライシートは雨からテントを守り、前室のスペースを作る。前後を間違えないように、インナーテントの上からかぶせよう。

### 張り綱とペグで固定して完成！

フライシートを張り綱とペグで固定。また、内側からもポールに固定するのを忘れずに。

## ATTENTION!

### タープ不要の快適性！だが…

魅力的な空間だが、設営撤収に時間と手間が掛かる。2泊以上のキャンプには最適。

軽くて簡単！

# ドームテントの設営方法

ツールームテントに比べると、短時間で設営できるドームテント。設営後の移動も可能ですが、位置は最初にキチンと決めるようにしましょう。コールマンのタフワイドドームを例に解説します。

1

## シンプルな部品構成

大型のドームテントには、ポールが数種類入っている。設営する前に、まずは部品内容を確認･把握しておこう。

2

## グランドシートを敷く

グランドシートはテント純正や、市販のブルーシートが使いやすい。テントより少し小さいサイズが鉄則！



3

太田流極意

シワは雨風に弱くなる原因だ。最初からシワのないように張ること。

## インナーテントをペグで固定する

シワが寄らないように、適度な力で張りながらペグを打ち込んでいく。2人がかりで対角線で引き合いながら行うと、キレイにできる。

4

## スリーブにポールを通す

ポールを組み立て、テントの屋根に付いているスリーブ(袋)に通す。

ポールとスリーブは色分けされている。同じ色同士を通せばいい。

5

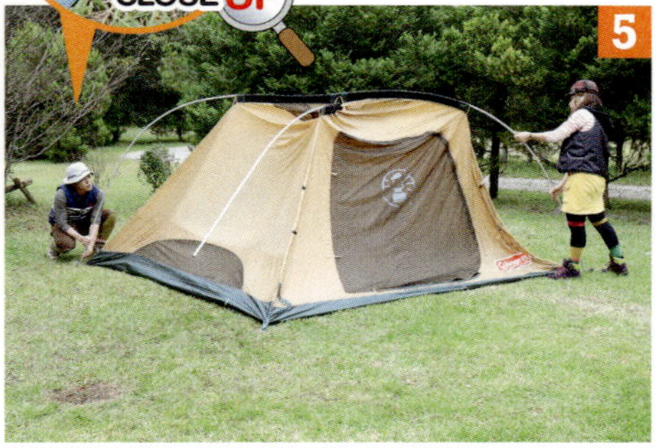

## テントを立ち上げる

2人が対角線上に立ち、同時にポールを持ち上げよう。ポールエンドはベースにあるクリップやピンに刺す。

## ATTENTION!

### グランドシートはサイズにご用心!

テントよりも大きなグランドシートを敷くと、雨のときテント下が水溜まりになる。必ずテントよりひと廻り小さなもの(折込可)を選択しよう。

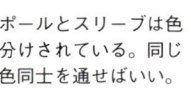

フックと同時にポールの差込もチェックしよう。

### フックを掛けて補強する

テントの斜面に付いているフックを、ポールに掛けて強度を上げる。無闇に強く引っ張ったりしないように注意しよう。

### インナーテントの完成

この状態は家に置き換えれば内壁の完成だ。このままでは風雨に簡単にやられてしまう。必ずフライシートを掛けよう。

### フライシートを掛ける

出入り口の方向を合わせて、インナーテントの上にフライシートを掛ける。その際、裏表も間違えないように確認しておこう。

### マジックテープも忘れずに

フライシート内側にあるマジックテープを、ポールに巻いて固定。強度に影響するので確実に行おう！

### フライシートを固定する

フライシートの四隅を、インナーテントの四隅にあるフックに掛けて固定する。

### ペグを決めれば完成!!

フライシートを張りながらペグを打ち込む。キレイに張るとインナーテントとフライシートの間に適度な間隔ができ、雨や風にも強くなる。

**完成**

**STEP UP**

### 前室のフラップで日よけを作ろう

普段は巻き上げておく前室フラップに、ポールを足せば日よけになる。

# タープを自由自在に使いこなす

## レクタングラー、ヘキサ、スクリーン、ウイング、カーサイド 5種類あるタープ

**日よけが主な役割のタープは、多少の雨ならしのげますが、過信は禁物。レクタングラーは長方形で6本のポールを使うタイプ。ヘキサは六角形でウイングは四角、ポールは共に2本が基本です。スクリーンはテントのような形状で、カーサイドは車に連結させて使います。**

防虫効果も期待できる

## スクリーンタープの設営方法

完全に覆ってしまうと閉鎖的な空間になりますが、ネットを装備しているので虫の多いサマーキャンプには最適なタープ。また、寒い時期には風からも守ってくれるありがたいタープです。コールマンのスクリーンキャノピータープⅡを例に解説します。

**テント並みの部品の多さ**

屋根を構成するポールと、立ち上げるためのポール。スクリーンタープ本体と、ペグ、張り綱が主な部品だ。

**位置を決めたらペグで固定する。**

まずはスクリーンテント本体を広げて立てる位置を決める。次いで四隅を張りながらペグで固定しよう。

この部分のポールには大きな力が掛かる。確実に入れておこう。

**ポールを入れて屋根をつくる**

短いポールは屋根をつくるポール。太さの違うブラケット（ポール差込用具）に差し込むことで、簡単に屋根ができあがる。

タープの種類と特徴 ››› P120



**STEP UP**

## スクリーンをキレイにたたむ

スクリーンタープに必ず付いているメッシュスクリーン。便利なモノだが不要なときもある。使わないときはキレイに収納しておきたい。両側から2人で息を合わせて収納するのが極意。

**1**

### ファスナーを外す

ファスナーを外してフルオープンにし、メッシュスクリーンを広げる。

**2**

### 折りたたんでたたむ

下側が広がっているので、内側に折りたたんで巻くとキレイに仕上がる。

**3**

### 両端を2人で巻く

2人でメッシュスクリーンを巻いていく。細く巻くように!

**4**

### ダッフルベルトで固定

巻いたら付属のベルトで固定。垂れることなく見た目もキレイ。

**4**

### 立ち上げる

ブラケットの太い穴に、長いポールを差し込んで立ち上げる。2人で作業しよう。

**5**

### タープ本体の地面側を固定

最初に位置を決めたペグ付近にあるフックやピンを利用して、ポールをスクリーンテント本体に固定する。

**6**

### 張りを調整する

スクリーンテントの張りをアジャスターで調整する。できるだけシワを少なく張ろう。

**7**

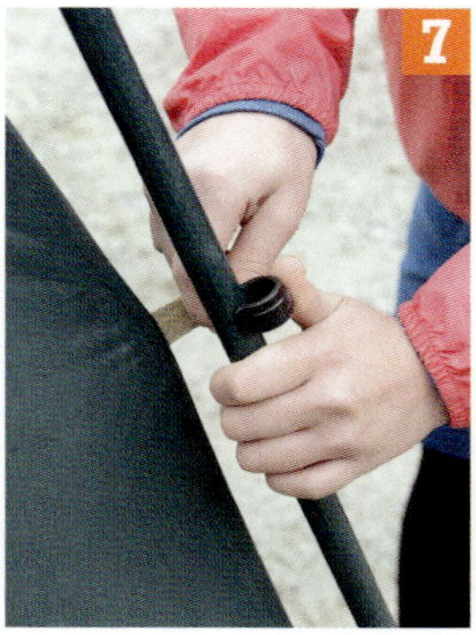

### フックを掛けて完成!

本体に付いているフックをポールに掛けて強度を高める。これで完成!

**完成**

### サマーキャンプ仕様

虫がいるサマーキャンプ仕様。すべてを閉じれば風避けにもなる。

### フルオープン状態

すべて開放するとこんな具合になる。春、秋にはオススメだ。

扱いやすさがうれしい

# ヘキサタープの設営方法

比較的安価で人気のヘキサタープ。居住空間がせまいのが難点ですが、ポールを増設すれば開放的空間を確保できます。小川キャンパルのフィールドタープ ヘキサDXを例に解説します。

**少ない部品構成**

ポール2本、ダブルのロングロープ2本、短いシングルロープ4本にペグが主な部品。

張り綱はタープにあるリングの上に掛けること。

**場所を決めたら広げよう**

位置が決まったらタープを広げポールとロープも置く。ロープを広げる幅は、ポールに対称になるように。

**ポールを立ち上げる**

ペグでロープを固定してあれば、ポールはひとりで立ち上がる。

**今度は反対側のポールも立てる**

同じように反対側のポールも立てて、ロープをペグで固定する。この段階でロープはまだルーズで問題ない。ロープの角度は45度が基本だ。

**メインロープを調整する**

ポールにあるメインロープの4本の張りを、均等に調整する。

**ロープで四隅を固定する**

シングルロープとペグで、タープ四隅を地面に固定する。

**これで日よけができた！**

比較的設営が簡単なヘキサタープだが、シワを出さないようにパンと張るには少し経験が必要だ。

## ATTENTION!

**メインポールの角度に注意しよう**

基本的にタープに使うポールの下側（地面側）は、少し内側に傾けると安定する。

## STEP UP キレイに張るコツ教えます

タープをきれいに張るには、立ててからでもいいのでロープの張力とポールの位置を調整するのが大切。

### テンションを均等にする

すべてのロープが均等な張力になるよう調整しよう。

### ポールのズレは見苦しい

すべての角度から見て、直線にポールが並ぶように調節する。

## 開放感あふれる空間！
# レクタングラータープの設営方法

最近の主流はヘキサのようですが、私的にもっとも使いやすいと感じるのが、このレクタングラータープです。大きな面積で日よけを効率的につくってくれて、快適さは一番だと思います。小川キャンパルのフィールドタープ レクタDXを例に解説します。

1

### 部品構成はシンプル

6本のポールを使って立てる。ロープも長短2種類。ポールの長さも2種類ある。

2

### 長いのが2本、短いのが4本

まず、合計6本のポールを組み立てる。また、タープを張る位置に本体を広げて、大きさの目安にしよう。

3

### 長いポールから立ち上げる

長いポールをセンターポールと呼ぶ。タープの長辺の中央にあるグロメット（穴）にポールの先端を入れて、ロープを掛けておく。

この段階でメインポールにロープを掛ける。後では手が届かない。

4

### 立ち上げる

ひとりがポールを支え、もうひとりがロープを引いてペグで固定する。タープの長辺から45度の角度にロープを張るのが基本。

5

### 反対側を立ち上げる

同じように2人で反対側も立ち上げて、ロープとペグで固定する。この段階ではロープの張力は不揃いでも大丈夫だ。

6

### 短いポールで四隅を立てる

短いポール4本を使って四隅を立てる。短いロープを使って45度を目安に張る。最後にロープの張力を揃えて完成。

# ペグ（杭）の種類と扱い方

## ペグ打ちは角度と深さと姿勢の3つがポイント

ペグは小型の杭。テントやタープを地面に固定して、風に飛ばされないようにしたり、生地にテンション（張力）をかけて空間の確保や強度を上げる役割があります。地質によって使い分けるのが基本ですから、付属のペグだけではなく、必要に応じてペグを買い足すことも必要になります。

たくさんあって迷います

### ペグの種類と特徴

キャンプ場にはさまざまな地質があり、フカフカの砂から芝生、柔らかな土や石ころだらけの土もありますね。それぞれの地質に適したペグを使わないと、必要な強度が保てず不都合が生じます。それでは各ペグの特徴を紹介しましょう。

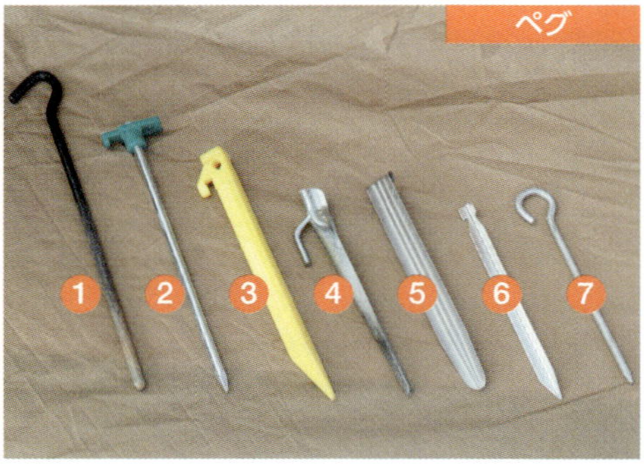

**❶スチール製ペグ**
長くて強度がある。硬い地質でも打ち込みやすく、強いテンションが必要なタープのメインポールなどに最適。

**❷スチール製角型ペグ**
強度のあるロングペグだが、軽量なのが特徴。軟らかな地面から硬い地面まで適応するが、砂には不適だ。

**❸プラスチック製T字ペグ**
市販の大型テントやタープに付属。軟らかな地面と砂なら対応するが、折れやすく耐久性に乏しい。

**❹鋳造スチール製ペグ**
非常に硬い地面に適しているが、短いので強度は小型テントに対応する程度。汎用性は低い。

**❺アルミ製U字ペグ**
軟らかな地面と砂に対応するが、変形しやすい。フライシートを押さえる程度のテンションで使おう。

**❻チタン製V字ペグ**
軽量。軟らかな地面から砂まで対応するが、短いので強度不足が目立つ。テンションのかからない場所で使う。

**❼アルミ製ピンペグ**
市販の小型テントに付属。曲がりやすく修正しながら使うのが普通。適度な硬さの理想的な地面にしか適さない。

**❽ゴム製ハンマー**
ヘッドの適度な重さと硬質ゴムのおかげで、ペグの材質問わず使用できるのがうれしい。疲労感も少ない。

**❾スチール製ハンマー**
小型で持ち運びには有利だが、このハンマーでプラスチック製ペグを打つとペグが破損してしまうのが難点だ。

**❿プラスチック製ハンマー**
市販の大型テントやタープに付属しているタイプ。軽量だが打ち込みには力が必要になる。あまり役に立たない。

フリーサイトの選び方とポイント »P027

簡単にできる!

## ペグの抜き方

軟らかな地面や砂地であれば、なんの問題もなくスルスルと抜けてしまいます。しかし、強度のあるロングペグを硬い地面に打ち込んだ場合は、大きな力が必要になります。

**まずは基本の力技**

張り綱のテンションを緩めたら、力で引き抜く。必ず手袋を着用し、打ち込んだ角度に合わせて力を入れよう。

**テコの応用で抜く**

張り綱のテンションを緩めたら、市販のハンマーに加工されているループにペグを掛けて、テコの原理で引き抜く。

**目には目をペグにはペグを**

ペグのヘッド(頭)同士を掛け合わせて引き抜く。力が入りやすい姿勢になるので、意外に簡単に抜くことができる。

ホドホドが肝心!

## ペグの打ち方

ただ杭を打ち込むだけに見えるペグ打ち作業。コツはペグの選択と姿勢、さらに打ち込み過ぎに注意すること。簡単な作業ほど慎重さを要することも覚えておいてください。

**バランスの良い角度が決め手**

張り綱が引かれる方向と、水平にハンマーの柄が合うように打ち込むのが理想。

**張力に強い角度で打ち込む**

ペグの角度に注目。張り綱に引かれる方向とは、逆側に倒して打ち込むのが基本だ。

**抜くときを考えて打つべし**

地面に接しすぎないように、指2本分残して打ち込むのが正解。極限まで打ち込むと抜くときに大変苦労する。

# シュラフを敷いて就寝の準備をする

## 保温性を高めることが快適睡眠のキーポイント

当たり前ですが、あなたのテントは貴方の寝室です。自由に使いこなしましょう。工夫を凝らし、使いやすくしたテント内はあなたの部屋も同然です。環境に変化があるキャンプ場でも、テントに入ればいつもと同じあなたの部屋。慣れた環境は安心と安眠を提供してくれることでしょう。

保温と断熱の両立がカギ

### テント内のレイアウト方法

テント本体のグランドシートの下には、湿気対策とテントを汚さないためにもう一枚シートを敷くのが基本なので、テント内は適度なクッション性と体温の保持、外気の断熱を優先的に考えてレイアウトしましょう。

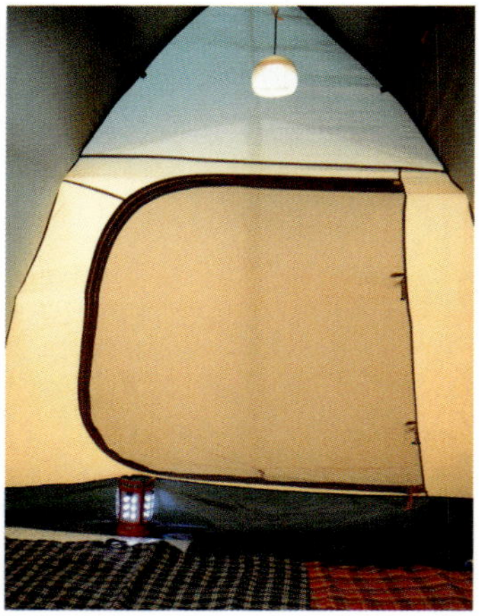

**テント内にランタンを吊るす**

このテントにはフックがあるが、すべてのテントにある機能ではない。S管やカラビナ(P45)などを用意しておくと便利。

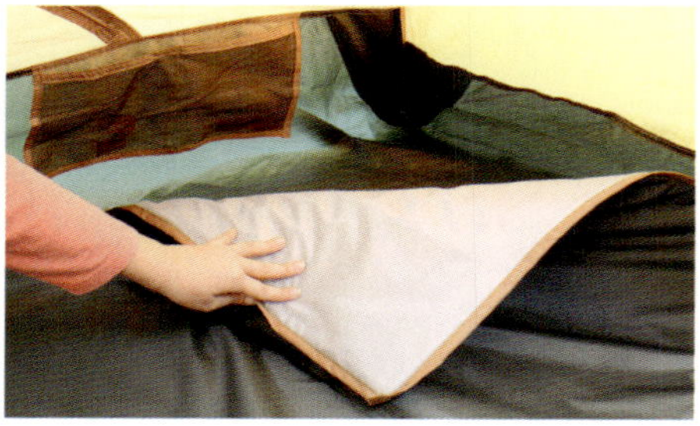

**テントマットを敷く**

適度なクッション性と、防湿効果のある市販のテントマットを活用しよう。

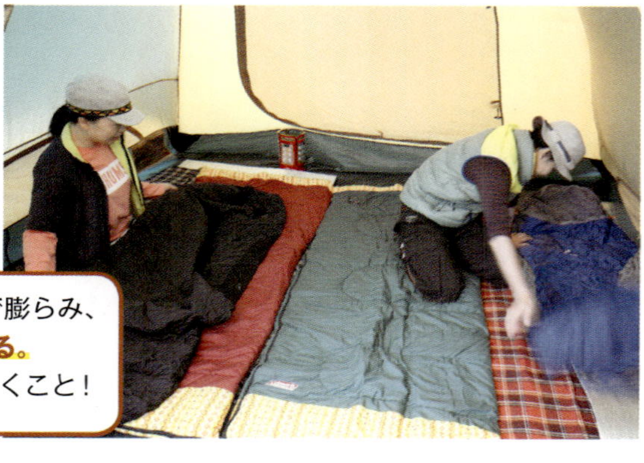

**出入り口に対して直角に並べる**

各自がそれぞれ出入りしやすいように、出入り口側に足を向け、直角に川の字にシュラフを配置するのが基本。

太田流極意

シュラフは空気を含んで膨らみ、**保温効果を発揮する。**テント設営後は広げておくこと！

ルールはあなた次第

# 快適睡眠を得るためのひと工夫

いよいよテントで寝る時間です。慣れるまでは緊張するかも知れませんが、現実にはあなたのテントです。自由にあなた好みに使いこなしましょう！　既成概念にとらわれない発想がリラックスを生む源にもなるのです。

### シュラフに入る必要ある？

暑い季節にはシュラフは掛けるだけで十分。薄手のトラベルシーツなどを活用してもいいだろう。

### ポケットを活用しよう

テントには必ず小物を収納するためのポケットが付いている。壊れやすいメガネや携帯電話を入れる場所として活用しよう。

### 扇風機は換気の役割も

小型扇風機はテント内に風を起こしたり、換気もしてくれるので寝苦しい夏には重宝する。

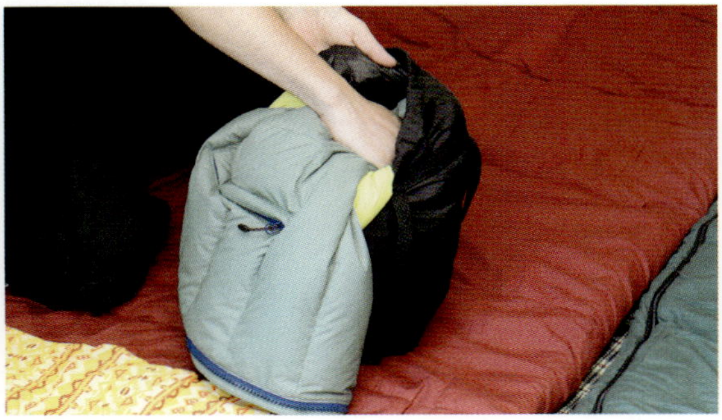

### 枕はどうする？

市販の空気枕などもあるが、シュラフを入れていたスタッフバッグなどに衣類を詰めればそれを枕にすることもできる。

STEP UP

### 濡れタオルや貴重品置き場に

テント上部にフックが装備されていて、付属のネットを掛けてモノ置きをつくることができる。ロープを通せばモノ干しにもなる。

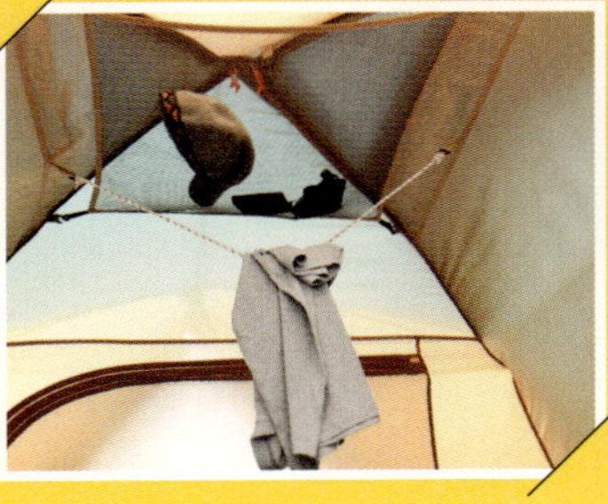

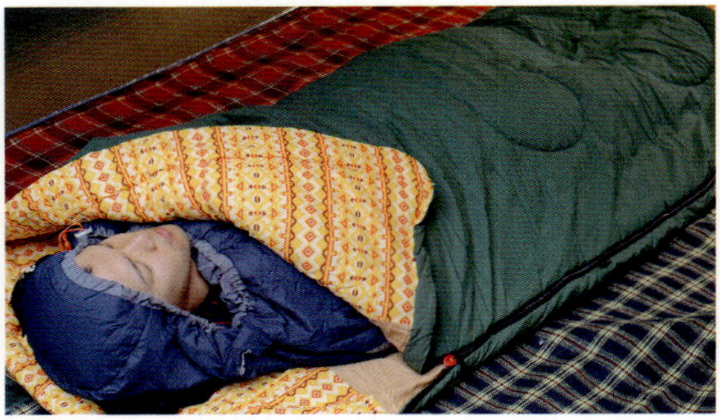

### 2枚重ねの睡眠術

寒い時期には薄手のシュラフを2枚重ねると、保温力が格段にアップ。内にマミー型、外に封筒型(P122)を重ねると快適だ。

# 明かりの準備とレイアウト

## ランタンはタイプごとに3つ用意すると便利

大型で明るいガソリン式ランタン。カートリッジの取り付けが簡単なガス式ランタン。スイッチひとつで点灯する電池式ランタン。これら3種類をひとつずつ準備できると理想的です。ただ、高価なモノですから、最初はガス式かガソリン式のいずれかひとつを揃えることから始めましょう。

明かりに強弱をつける

### ランタンのレイアウト方法

基本的には、サイト全体を照らす明るいランタン、キッチン付近を照らすサブランタン。そしてテント内に置く電池式ランタンという構成です。夏などの虫の多い季節には、一番明るいランタンを遠くに置き、虫を遠ざけるのがコツです。

**季節によって配置は変わる**

夏休みの夕暮れを想定して、明るく照らすガソリン式ランタンを虫寄せとして機能させている。虫の心配のない季節なら、メインをガソリン式にして、キッチンはガス式にするのがよい。

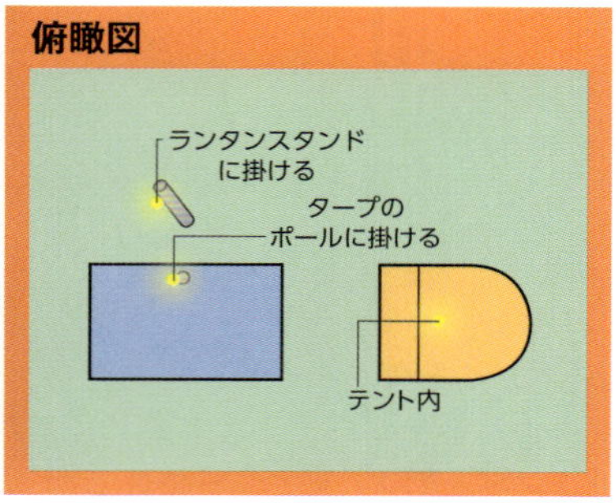


虫の心配がない季節のキャンプサイトでは、タープの中を照らすメインランタンをガソリン式ランタンに。キッチン付近に立てたランタンはガス式にすると、必要なときにスグに使えて便利。

ランタンの種類と特徴 »P126　虫刺されの予防方法 »P151



レイアウト❶

## サマーキャンプは特別仕様

サマーキャンプのランタンレイアウトは、虫対策をメインに考える。タープのポール付近に吊るすランタンは、ガソリン式より暗いガス式にしよう。しかし、これはあくまでサマーキャンプの特別仕様。虫の心配がない季節なら、ガソリン式ランタンをここに吊るして、全体を明るくしよう。

**ポールに掛けるランタンハンガー**

ランタンハンガーは、小型でかさばることもないのでひとつ持っていると便利だ。

レイアウト❷

## テント内の明かり

懐中電灯でも機能的には問題ないが、ランタンの広がる光は全体を照らしてくれるので都合がいい。火事や酸欠の恐れがあるので、**ガス式とガソリン式ランタンの持ち込みは絶対に禁止!**

**足元を照らす着脱式ランタン**

最近主流の電池式LEDランタンは、本体から分割して取り外し可能なタイプがある。便利なランタンだ。

レイアウト❸

## テーブル上のガス式ランタン

テントサイト全体を照らすランタンの他に、手元を照らし出すテーブル上の小型ランタンがあると、雰囲気と利便性の両面で都合がいい存在になる。食事時など明るさを求める場合は、何かを利用して台の上に置くなど、少し高い位置にランタンを置くようにすると、効率よくテーブル上を照らしてくれるだろう。

**くつろぎタイムは小さな灯火で**

のんびりくつろぐ時間の灯りは、暗めが好ましい。個人的にはロウソク・ランタンもおススメだ。

レイアウト❹

## 集虫灯として使う明かり

これもサマーキャンプの特別仕様。サイトから少し遠いところに配置して、虫を寄せるために大型ランタンを点灯する。虫の心配がない季節なら、これをサイトのメインにしてキッチン付近にガス式ランタンを吊るす。点火・消火が手軽で便利だ。

**ランタンスタンドに吊るす**

ランタンスタンドは、大型ランタンでも安心して吊るすことができるだけあって重さがあり、荷物にはなるがどこへでもランタンを移動できるので、あると便利だ。

**太田流極意**

**明るさにメリハリ**をつけて配置しよう!!

# ランタンを使いこなす

## マントルの空焼きさえ覚えれば思いのほか簡単！

マントルはランタンの発光部分のことで、ガラス繊維が燃焼して、発光する性質を利用しています。ここではコールマンのノーススター・ランタンを使い、交換方法を紹介します。ランタンが違うとマントルも異なりますが、手順は大体同じですから応用してください。

交換必至の消耗品

### マントルの空焼き方法

マントルは移動中のショックでも崩れ落ちる消耗品ですから、必ずスペアを持つようにしましょう。また、このランタンはチューブタイプといって上下に穴があるマントルを使いますが、他は上側を取り付けるだけで簡単に装着できます。

1

**ホヤとガードを外す**

まずランタンが冷えていることを確認したら、上部のネジを回して外す。

2

**ホヤを外して古いマントルを捨てる**

カバーを静かに引き上げてホヤとガードを取り外したら、古いマントルを取り外そう。

3

**接合部は上下２カ所**

チューブタイプのマントルは上下を接合する。通常は上だけを接合するのがほとんど。

4

**マントルを取り付ける**

取り付けは、マントルに付属してるヒモや金具で行う。

**空焼きを開始する**

マントルの下側に点火する。最初は煙がたくさん出るが、驚かないように。

**全体が白くなれば終了**

マントルに点火した炎が燃え広がり、全体が白くなってきたら、少し燃料を出してマントルを膨らませよう。

**明るく光ればできあがり**

このように均一に明るく光れば大成功。冷めるのを待って、逆の手順でホヤとガードを取り付ければ完成だ。

**操作は簡単！**

# ガスカートリッジ式ランタンの使用方法

ガソリン式ランタンに匹敵するほどの明るさを放つ大型のランタンから、携帯に便利な小型ランタンまで、その種類は豊富に揃っています。サブランタンとして、ぜひとも欲しい1台ですね。

**点火も簡単！一発で完了**

最新のガスランタンは、スイッチを押すだけの自動点火が主流。消火もツマミをひねるだけの簡単さだ。

**燃料交換も簡単にできる**

ガス式ランタンの燃料はカートリッジガス。クルクルと回しながら取り付けるだけ。扱いやすい。

明るさは一番！

# ガソリン式ランタンの使用方法

燃料の扱いには慎重さが要求されます。また、点火には多少の慣れも必要ですが、その明るさと心地良い燃焼音には多くのファンがいるほどなのです。価格は高価ですが、修理しながら長く付き合えるランタンでもあり、最初の一台にはオススメします。

**ガソリン給油からはじめよう**

ジョウゴを使って燃料口から燃料を補給する。もちろん付近は火気厳禁！

**専用フィラーを使おう**

これはメーカーが販売している専用フィラー。こぼす心配が激減する。燃料を満タンにしよう。

**ポンプのつまみを左に回してロックを解除する**

ポンプノブを左に回し、ロック解除から始める。加圧後には必ず押し込み、右に回してロックする。

**ポンプノブの穴を押さえてポンピング開始！**

ポンプノブを引き出し、中央にある空気穴を親指で押さえ、15回以上(30回以下)ポンピングする。

**音で判断して点火準備**

ポンプをロックしたら燃焼ツマミをまわす。空気が出た後、燃料が噴出されるタイミングで点火。

**点火用の穴から火種を入れるが自動点火式もある**

ボーッという音がして燃料が出たら、ホヤの下側にある点火用の穴からライターなどで点火する。

**ツマミを回して燃焼調整**

最も明るく燃焼する位置にツマミをセットして完了。このランタンなら満タンにすれば一晩は大丈夫だ。

**空気穴を塞がないと**

ポンプノブにある空気穴を塞がずに、ポンピングを繰り返しても必要な内圧は上がらない。何度やっても徒労に終わるので注意。

ランタンのメンテナンス方法 »P109

アルミホイルでひと工夫

# 明かりを効果的に使う反射板づくり

ここでは、ランタンの明かりを自在に扱う方法を紹介します。しかも、使う道具はアルミホイルだけ。ヤケドしないように、必ず手袋を着用してから作業してください。

**片側に集中させる反射板をつくる**

キッチン付近にランタンを設置したときなどに便利な方法だ。不要な片側の光を反射させて集めるので、かなり明るく感じるはず。ハンドルの両側にアルミホイルを巻くと安定するだろう。

**手元を明るくする反射板をつくる**

テーブルに置いたランタンは、意外にも手元付近を照らしてはくれないもの。そこで、カバーの上にアルミホイルでつくった反射板を設置する。また、ランタンの下に物を置くなどして、ランタン自体を少し上げれば、手元まで明るく照らしてくれる。

立ち木に吊るす方法

# どこでも自在に吊るす楽しみ

立ち木を利用してランタンを吊るします。虫が集まるサマーキャンプでは、特に必要になるはずです。コツは金属のカラビナやS管を使うことです。ナイロン製のロープにランタンのハンドルを直に吊るすと、熱で溶けて落下することもあって危険です。

太田流極意

ランタンは
**発熱する**
ことを忘れずに！

**S管でランタンを吊るす**

S管とロープでこんな感じに吊るすと安全。実は私、以前直にロープで吊るし、落下させてランタンを破損したことが……。面目ない！

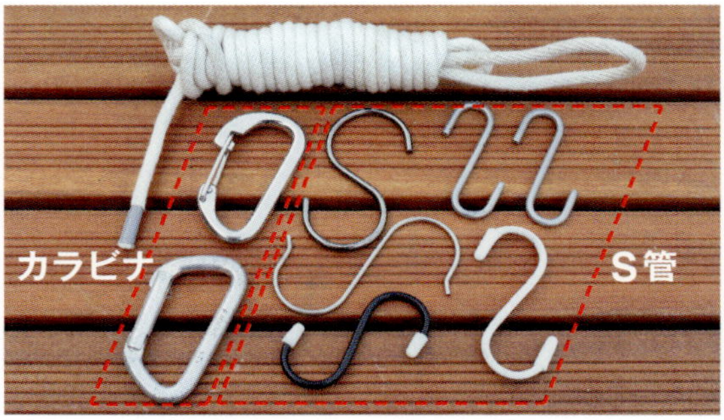


**ロープとカラビナとS管**

これだけでいろいろなモノを吊るしたり干したりできるので、ぜひキャンプ道具に加えておこう。

COLUMN 2

# 旅する術としてのキャンプ

私は旅をしながら、撮影する仕事を長く生業にしてきた。仕事の依頼主は僻地での撮影を要求するので、旅館やホテルなどは存在しないところばかりだった。いつしかキャンプは、私にとって旅のツールになっていた。

寒い北海道の河原でキャンプ。そう遠くない場所で熊の声がする。勝てないことはわかっていても、ナイフに手が伸びる。震える時間はたっぷりあった。南の島でキャンプ。風も波もない最高の日和。足もとを締めつけるブーツの紐を解き放つだけで、全てが終了する。テントもいらない。火を起こし夜を待つだけで充分だ。日本をはじめ世界のあちこちを巡りながら撮影、キャンプを重ねてきた。数えきれない夜をキャンプしながら自分が落ち着ける場所を探していたのかもしれない。しかし今は炎を自由に操り、大地に身を横たえるだけで満足できる自分がいる。

# PART 3

# 食事をつくろう!

オートキャンプでは、食事がひとつの楽しみです。すがすがしいお日様のもとで、あるいはランタンの明かりや、たゆたう焚き火の炎を前にして食べる料理は、格別においしいのです。もしもバーベキューやカレーといった、定番料理に飽きた人たちがいたら、ここで紹介するレシピを見てチャレンジしてみてください。

# クーラーボックスとタンクを使いこなす

## 調理以前に欠かせない必須アイテム

身近に水を置くことは快適調理の基本です。水があるキャンプ場でも、ウォータータンクをサイト付近に設置することは欠かせません。またクーラーボックスも、食材を安全に保管するための必需品でしょう。最近はガスを使って冷却する、アウトドア用冷蔵庫も市販されています。

意外に知らない？

### クーラーボックスの使用方法

クーラーボックスの使い方なんて当たり前にわかっている！ と思うでしょうが、ゼヒ一読願います。冷気の流れと保冷材の重さを考えながら整理すれば間違いありませんが、デタラメにつっこむとせっかくの食材がダイナシになることもあるのです。

**水抜き栓を利用しよう**

クーラーボックスの底にいつの間にか溜まる水は、この水抜き栓を開けて捨てよう。締め忘れ厳禁！

**保冷材は立てて使おう！**

保冷材の重みで、肉や魚などの軟らかい食材を傷める心配もなく、冷気も均等に循環してくれる。

**別のクーラーで飲み物を冷やす**

開け閉めの頻度が違う食材と飲み物は、分けて冷やすと無駄が少ない。氷はスーパーでもらえる氷を使ってもよいが、マナーを守って控えめに！

 »P132

基本中の基本

# ウォータータンクの使用方法

いろいろなタイプが市販されていますが、4人家族のキャンプなら、容量15ℓくらいのウォータータンクが扱いやすく便利でしょう。蛇口やコックを持つタイプが主流です。使わないときは小さくたためるタイプも増えてきました。

**数種類のタイプがあるウォータータンク**

ウォータータンクには安価なプラスチックタイプのものやソフトタイプなど、いくつか種類がある。15ℓを目安に、好きなタイプを使い分けよう。

**使用前には必ず洗浄すること**

前回のキャンプ時に洗っているとはいえ、使う前までは放置していたものだ。使用前には水で流すなど、必ず洗浄して使うようにしよう。

**ソフトバケツを水受けにする**

タンクの水を水道のように使うとスグになくなる！　水を溜めて無駄を省き、野菜のドロ落としなどに使おう。

**石を置いて飛び跳ね防止**

簡単な手洗いでも水が飛び散ると、あたりが汚れてしまう。石や薪を組んで飛散を防止しよう。

STEP UP

## 快適に使用するために覚えておきたいテクニック

折りたたみ式の小型ウォータータンクは、普段の持ち運びもかさばらずとても便利。そんな小型タンクを身近に置けば、キャンプサイトをさらに快適にできる。少し高い位置に置くのがコツだ。

▲小型軽量なので、ランタンハンガーを使って設置可能。

◀折りたたみ式のタンクを用意すると、持ち運びも簡単で便利だ。

太田流極意

アウトドアでは
**水は流さずに貯めて**
**使うことが基本だと心得よう!!**

# ツーバーナーを使いこなす

## 点火と火力調整の方法を覚えよう!

炊き口がふたつある大型のバーナーを、ツーバーナーと呼びます。かつてはトリプルバーナーも存在しましたが、ポータブルとしては大きすぎていつの間にか消滅してしまいました。大きな鍋やフライパンでも安定する堅牢なゴトクと火力の強さは、アウトドア料理の強い味方です。

大型だから悩みのタネ

### ツーバーナーの設置方法

キッチンの近くに置くのは当然ですが、地面に直接置いたのでは使い勝手が悪すぎます。テーブルに置くと大型故にスペースを占有する問題が出ますね。そこでスタンドにのせて使うことになるのですが、キッチン併用とバーナー汎用スタンドの2種類を比べてみます。

**キッチンテーブル併用型を使う**

調理関係をすべてまとめることができるキッチンテーブル併用型。安定感もあり使い勝手も良好だが、収納時には少し大きく重いのが難点。

**便利なツーバーナーラック**

ツーバーナーのふた(風防)等に引っ掛けて使う「ツーバーナーラック」が市販されている。調理用品や調味料を、まとめて手元に置けるのでとても便利!

**汎用スタンドにのせて使う**

「ハイスタンド」という商品名で市販される、汎用スタンドにのせているところ。安定感はイマイチだが、コンパクトな収納方法はとても優秀。

家庭のキッチン感覚！

# ガスカートリッジ式ツーバーナーの使用方法

ここではアウトドア専用ガスカートリッジを使用するタイプを紹介します。各社工夫は進んでいますが、外気温が下がると気化が悪くなり火力が落ちる傾向が見受けられます。コールマンのパワーハウスLPツーバーナーストーブⅡを例に解説します。

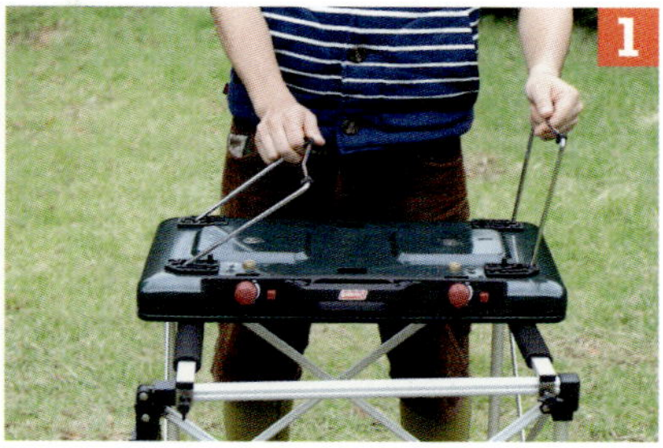

### 1 スタンドを引き出す

ツーバーナーを裏返し、収納されたスタンドのストッパーを解除して足を引き起こす。

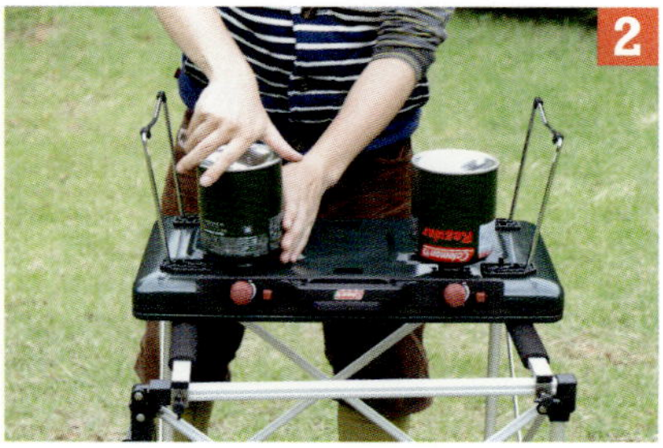

### 2 ガスカートリッジの取り付け

の裏側に付いているネジ穴に、ガスカートリッジ(別売り)のネジ口を合わせて取り付ける。

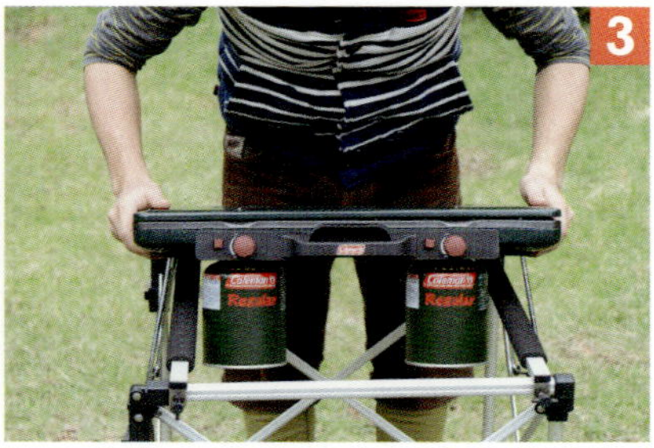

### 3 表に返し確実にスタンドに設置する

スタンドの幅を、バーナー本体やガスカートリッジに干渉しないように調節し、本体を表に返そう。

### 4 確実に安定させる裏技？紹介します！

❶で起こしたスタンドを、設置するスタンドの足に挟むようにすると、左右方向がとても安定する。

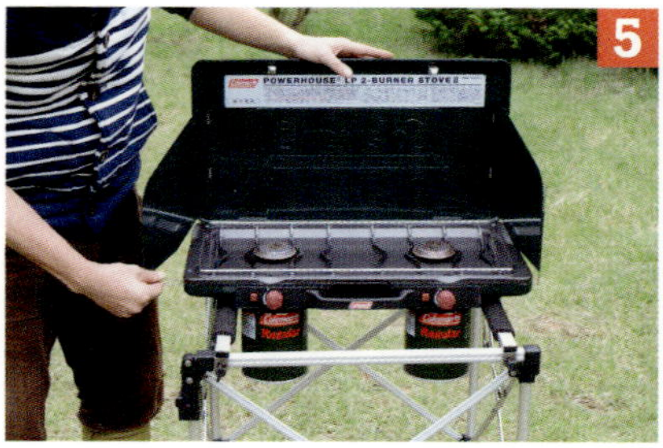

### 5 ふたの左右にある風防を引き起こしセットしよう

ふたの左右にある風防は、本体の大きなふたの留め金を兼用することもあるので確実にセットしよう。

### 6 大型のゴトクを確実に設置しよう

鍋やフライパンをのせても安定感抜群の大型ゴトク。製品の設置方法に従い確実にセットしよう。

### 7 ツマミひとつで点火も消火も大丈夫！簡単です

自動点火式なのでマッチやライターは不要。もちろん消火もつまみを捻るだけの簡単操作でOK。

## ATTENTION!

**同じようなガスカートリッジが各社から市販されているが……**

交換用市販ガスには取り付けネジの形状が同じでもガス成分が違うことがある。バーナーの性能を安全に100%発揮させるためには、メーカー純正ガスの使用が一番。購入時はバーナーへの「取り付けネジ」の形と製造メーカー、ガスの内容成分に注意して購入するようにしよう。

安定した火力が魅力的！

# ガソリン式ツーバーナーの使用方法

点火や消火が少し面倒だったり、ガソリンの取り扱いにも危険を伴う作業ですが、外気温に関わりなく安定した火力を長時間供給してくれる性能は、タフな気候条件になればなるほど魅力を増すバーナーです。

### 燃料タンクを取り出す

フタを開けたら燃料タンクを取り出す。ツーバーナー本体の切り込みを通して持ち上げると、スムーズに出せる。

### 給油には専用フィラーが便利

燃料をタンクに給油するとき、ホワイトガソリン缶の口に直接取り付けられて、こぼす心配も激減する専用フィラーがとても便利。

### ガソリンを補給する

必ず市販のホワイトガソリンを使用しよう。専用フィラーやジョウゴを使ってこぼさないように！もちろん付近は火気厳禁。

### ポンピングの準備

燃料給油後、給油口のふたと火力調整バルブを確実に閉める。次に加圧ポンプ側を上にして燃料タンクを立てよう、写真のようにポンプのハンドルを左側に回してロックを解除しておくこと。

### ポンピングでガソリンを加圧する

ロックを解除したポンプハンドルの中央にある穴を親指で押さえ、20～30回フルストロークでポンピング。最後はハンドルを押し込んでから右に回して確実にロックしておこう。

STEP UP

### ポンピングを確実にしてガソリンバーナーを使いこなそう！

ポンピングは、ガソリンを加圧・気化させて確実に着火させるためには不可欠。もう一度、手順をおさらいしておく。❶ポンプハンドルの頭を左に回してゆるめる（火力調整バルブは閉じる）❷ポンプハンドル中央の穴を親指で押さえながら、フルストロークでポンピング。❸これを20～30回繰り返し、ポンプハンドルを押し込んだ状態でポンプハンドルを右に回し、ロックして完了だ。

ツーバーナーのメンテナンス方法 »» P108

### ジェネレーターの取り付け

燃料タンクから伸びる筒がジェネレーター。本体に開いた穴を通して取り付ける。タンクは爪を掛けるだけの構造になっている。

### 点火レバーは上向きにする

点火レバーを上向きにしたら、バルブを開いて右側バーナーに点火。一気に燃えるので柄の長いライターを使おう。

### 使用時は下向きに

炎が赤色から青色に変わったら、点火レバーを下向きにして使用。火力が安定しない場合は、ここでさらにポンピングし加圧する。

### 左のバーナーにも点火する場合

左側のバーナーだけでは点火しない。右側が燃えているのが条件。左側面の蝶ネジが燃料バルブなので、それを開いて点火する。

### 風防をセットして使おう

本体のフタに折り込まれている風防を引き出してセットする。スプリング構造のフックを穴に押し込むだけで完了。

**STEP UP**

### 長く快適に使用するために覚えておきたいテクニック

強い火力のガソリンバーナーは、弱火で使用することが多く、不完全燃焼を引き起こすこともしばしば。不完全燃焼はカーボンを発生させ、ジェネレーターが目詰まりする原因。消火前の2〜3分間はバルブを全開にして、カーボンを焼き切るようにしよう。トラブルを未然に防ぐため、必ずホワイトガソリンを使用しよう。

# シングルバーナーを快適に使いこなす

## ツーバーナーと併用すればとても便利！

軽量コンパクトなシングルバーナーは、キャンプ道具の重量を気にするバックパッカーや登山家、バイクツーリストたちのために開発されたバーナーです。すべてを車に積むオートキャンパーには無縁とも思えますが、卓上バーナーとして使うと、多いに活躍してくれますよ。

ガスバーナーを身近に使う

### シングルバーナーのメリット

シングルバーナーにもガソリン式とガス式がありますが、ここでお話するのはガスを燃料に使うタイプ。手軽なバーナーは楽しい食卓を演出してくれます。あなたもシングルバーナーをキャンプ道具に加えてみませんか？

**メリット3**

**卓上コンロとしても使える便利さ**

カートリッジとバーナーが分かれているタイプなら、鍋などのテーブルクッキングも可能。

**メリット2**

**無駄がないから経済的**

点火と消火もワンタッチ。イスに座ったまま必要な分量だけ燃焼させるので経済的。

**メリット1**

**無駄に動く必要なしイスから離れずに使える**

小型なのでメインテーブルに出しても邪魔にならない。無駄に動く必要がなくなる。

バーナーの種類と特徴 »» P130

## カセットガス式の使い方
# 扱いはとても簡単だが、不用意な火傷には注意!!

SOTOのレギュレーターストーブST-310を例にしますが、他社の製品もホボ同じような工程で使用準備が整います。とても簡単な作業ですが、収納は確実に冷ましてから！火傷にはご用心です！

**1 スタンドを広げる**
折りたたんであるスタンドを開こう。この製品はスプリング加工があるので、少し押し下げながら開く。

**2 カセットガスの取り付け**
燃料のカセットガスにある切り込みと、バーナーの切り込みの位置を合わせて右に捻り、燃料ガスを取り付ける。

**3 自動点火で簡単です**
火力調整つまみを回し、燃料ガスを出しながら点火ノブを押して点火させる。点火したら火力を調整しよう。

**4 ガスのキャップは大切です**
帰宅車内、荷物の中で残ったガスが噴出する場合もあるので、必ずキャップをして持ち帰ろう。経験者は語ります…。

## ガスカートリッジ式
# 取り扱いは簡単だが安定性には不満が残る

ここではアウトドア用ガスカートリッジと、バーナーが一体型のイワタニプリムス153ウルトラバーナーを例に解説します。本来はハイキングなどに使う軽量タイプのバーナーです。

**1 ガスとバーナーを連結する**
バーナー先端の金具をガスカートリッジに取り付ける。このとき取り付け口の汚れや錆びに注意しよう。

**2 ゴトクを広げる**
コンパクトに収納するために折りたたまれているゴトクを全て開いて、調理器具を載せやすくする。

**3 点火はワンタッチ!**
燃焼バルブをまわしてガスを出しながら、自動点火ボタンを押せば点火完了!すぐに使えるぞ!

### ATTENTION!

**燃料の違いで使い方は変わる!**
**ガスタイプがオススメです**

ガソリンタイプは使用するまでに手間と時間が必要なので、手元に置いて気軽に使うサブ・バーナーとしては不向き。断然ガスタイプがオススメだ。

# 焚き火はとても楽しい

## キャンプの醍醐味
## 焚き火を自在に操る快感は欠かせない

最近のキャンプ場は直火禁止が増えていて、焚き火を楽しむ人の姿も減ったように思います。しかし、まだまだ直火可能なキャンプ場もたくさん存在します。そんな環境に出向いたら、ルールを守って美しい焚き火を楽しんでください。キャンプがひと味違ってきます!

後始末も考えて!

### 焚き火の準備

単にフィールドで火を起こすことが焚き火ではありません。キチンと始末して、痕跡を残さないことを焚き火と呼ぶのです。地面を少し掘ってから焚き火を開始するのが、最低限のマナーだと心得ましょう。

**丸太のローソクもある**

北欧の木こりたちが、遊びにつくっているという丸太のローソク。数時間燃え続ける。

**薪は現場調達も可能**

焚き火ができるキャンプ場なら、ほぼ薪を販売している。上手に焚けば一晩に2〜3束あれば楽しめる。立木を切るのは厳禁!!

**焚き火を楽しむための道具たち**

火を起こすのだから、基本的に炭火を起こすときと同じ原理、道具で対応できる。

**❶フイゴ**

集中的に強風を起こす。焚き火よりも炭火向き。

**❷スコップ**

穴を掘り、埋め戻すために用意したい。

**❸のこぎり**

大きな薪を切るのにあると便利だ。

**❹斧**

薪を割るときに使う。ナタでも代用可。

**❺火バサミ**

数本用意しておくと便利だろう。

**❻革手袋**

軍手で代用も可能だが、耐熱性の高い革手袋がオススメ。

**❼うちわ**

炭火と同じくあると便利なアイテム。

焚き火や炭の後始末 »» P096



確実に点火させるために

# 火起こしアイテムを効果的に使おう

火起こしはそれほど難しいことではありません。基本に忠実に行えば、呆気ないくらい簡単に燃え出します。炎は下から上に燃え移ること。小さな火から少しづつ大きくすることの2つを忘れずに！

**天然材料と廃物を利用する**

落ちている小枝や、不要な紙を着火剤に使う。私的には最良の方法だと思っている。

**❶枯れ葉**

よく燃えるが煙が多いのが難点。

**❷古新聞**

折りたたむことで燃焼時間が延びる。

**❸牛乳パックの空き箱**

内側にはロウが塗ってあり、長時間燃える。

**❹乾燥した松ボックリ**

松ヤニを含んでいるので、安定して燃えてくれる。

**市販の着火剤あれこれ**

マッチ1本、ライター1発で着火してくれて便利。石油臭くない製品もある。

**❶ヤシ殻着火剤**

臭いも優しく市販品の中ではオススメ。

**❷アルコール系着火剤**

アルコールをジェル状にした着火剤。

**❸森の着火材**

環境に優しく臭いもなくてオススメ。

**❹チャコールブリケッツ**

炭の粉をまとめ、油を染みこませてある。

着火剤を使う

## チャコールブリケッツの使い方

写真は炭に着火させていますが、薪に代えても同じこと。いきなり大きめの薪に着火することも可能です。

**一番下に着火剤**

着火剤は、互いに触れ合うように一番下に置く。

**写真は炭だが薪も同じ**

中くらいの太さの炭（薪）をのせて、着火剤に点火する。

**着火剤は長時間燃える**

着火剤が長時間燃えて着火するが、必要に応じて扇ごう。

**上から継ぎ足し禁止！**

着火に時間が掛かってイライラしても、着火剤を上から継ぎ足さない。大変危険!!

ゆっくり燃やそう

## 新聞紙の使い方

条件が揃えば軽く丸めただけでも使えますが、長時間燃やすために少し工夫すると、より確実に着火します。

**新聞紙を斜めに持つ**

写真のように、広げた新聞紙を2cm幅くらいに折りたたむ。

**細長く折っていく**

写真のように、全面を細長く折り込んでいく。

**指を中心にして**

指を中心に緩く巻き付ける。巻きがきついと燃えにくい。

**これで完成！**

新聞紙の端（最後の部分）を中心に通せば完成。

基本が大事

# 着火の手順

着火剤は使わずに、古新聞と枯れ枝など拾ったモノで焚き火を起こします。基本を解説しますが、この基本を忠実に守ることで確実性が高まります。慣れたころに失敗が増えるのが、焚き火の着火なのですよ。

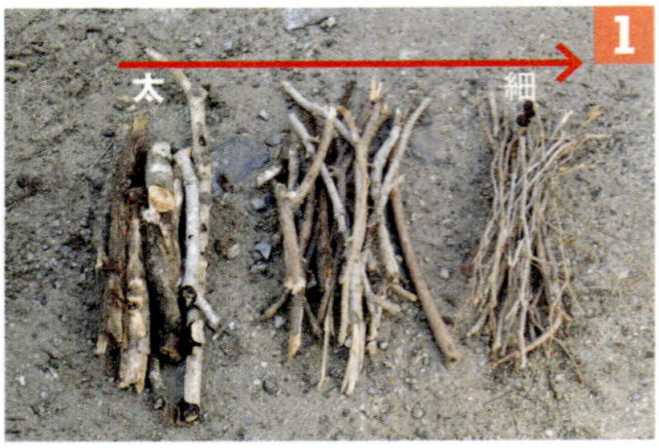


**3種類の太さの枯れ枝を拾う**

数mmの太さのモノから2～3cmのモノまで3種類くらいの枯れ枝を拾い集めよう。

**手頃な場所に火床を掘る**

深さ15cm、直径30cm以上の穴を掘り、焚き火の火床にする。掘った土は埋め戻しに使う。

**最初の一歩は古新聞から**

古新聞を丸めたモノを置いてから、枯れ葉や枯れ枝をパラリと置く。

**一番細い枯れ枝からのせていく**

枯れ葉の上に一番細い枝を置く。中央で枝が交差できる程度に折って使う。

**中間の太さの枝を重ねる**

次いで太い枝を同じように折りながら重ねて置く。掘った穴に収まる長さがちょうどいい。

**一番太い枝を置いて点火しよう**

太い枝も同じように置き、新聞紙に点火。太い枯れ枝に燃え移り、パチパチ音がしたら薪を加える。

NG

## ルールを守って楽しい焚き火をする

焚き火に対する環境は、後始末が原因で悪化の一途。直火で焚くときは必ず埋め戻し、痕跡を残さないようにしよう。もちろん草地での焚き火は厳禁。再び訪れたときに、気持ちよく過ごせる景観を保つようにしよう。

風向きによっては火の粉がテントに穴を開ける心配もある。混雑期は自粛しよう。

間違っても立ち木を折って、焚きつけをつくらない。最悪の行為なので厳禁！

焚き火の後始末方法 »P096

炎を自在に操る

# 焚き火の種類と特徴

焚き火にはそれぞれの目的に適した薪の組み方や、カマドづくりまで存在します。ここではカマド作りには言及しませんが、代表的な薪の組み方とその目的。そしてそれらの扱い方について解説しておきましょう。焚き火をするときは、必ず近くに水を用意しましょう。

STEP UP

### ネイティブアメリカンの知恵

地面を少し掘ったら、先端を合わせて薪の先端だけを燃やす。先端を合わせたり離したりするだけで、驚くほど簡単に火力を調節できる。お試しあれ。

STEP UP

### 燃えにくい薪を燃す方法

太い薪が燃えにくいときは写真のようにヒビを入れ、小石をはさんでみよう。これだけで空気に触れる面積が増え、燃えやすくなる。

## ●イゲタ型焚き火●

### キャンプファイヤーをするならコレ

炎を高く持ち上げるので、キャンプファイヤーや明かり取りの焚き火に使う組み方。

**薪の組み方と扱い方**

薪を2本平行に置いたら、90度向きを変えて平行に置く。これを繰り返す。点火は最下部に灯油を染込ませたタオルを置きそこへ点火。

## ●合掌型焚き火●

### 火力調節ができて調理向きの組み方

薪の先端、重なり合ったところを燃やす組み方。薪のくっつけ方で、火力を自在に調節することができる。

**薪の組み方と扱い方**

薪を組むまでは右ページと同じ。薪の先端部分を交差させ、そこを火床の中心にする。先端を離すと火力は落ち、接触させると上がる(カマド用)。

## ●傘型焚き火●

### 万能型の焚き火

最もポピュラーな薪の組み方。適度に炎も上がり、薪の交差で火力調節も可能。

**薪の組み方と扱い方**

傘型に360度囲むように薪を組み、薪が交差するところが火床の中央になるように点火する。薪の交差を減らすと火力は落ち、増やすと上がる。

# 焚き火台とバーベキューグリルを使いこなす

## 直火禁止のキャンプ場で焚き火を楽しむために

焚き火は全面禁止というキャンプ場もありますが、殆どのキャンプ場は直火禁止でも焚き火台を使えば可能というルールです。また後始末も簡単で移動も可能なので直火可能なキャンプ場でも愛用する人が増えています。比較的安価なモノから高価なモノまで、価格はほぼ耐久性に比例しています。

基本は直火と同じ

### 焚き火台の使用方法

焚き火台は文字通り、焚き火をするための台です。着火方法は基本的には直火と同じだと思って大丈夫。焚き火台を使うと火床の移動がとてもラク。金網を使えば調理も簡単に出来ますね。一台持っているととても重宝する焚き火台の使い方を解説しましょう。

1

**一番下は古新聞や着火剤**

一番下に丸めた古新聞(P57)を置いたら、枯れ葉や枯れ枝を焚き火台の中心で交差させて置く。

2

**少し太い枝を重ねる**

次いで、少し太い枝を折りながら重ねて置く。焚き火台に収まる長さがちょうどいい。

## ATTENTION!

### 消火の準備は怠りなく！

焚き火台でも直火でも、焚き火をするときは必ず近くに水を用意しよう。火災の危険があった場合の初期消火には必要不可欠だ。また不意の火傷もスグに冷やすことで痛みが早く治まるはず。消化用水は必ず用意すること！

**一番下に点火する**

太い枝を置いたら、下にある古聞紙に点火する。柄の長いライターを使うのが安全で適切だ。

**パチパチ音で薪を加える**

枯れ枝に燃え移り、パチパチとはぜる音が聞こえてきたら、太い薪を加えて着火完了。

**太田流 極意**

太い薪は、互いに**触れ合うように置こう！**







## 手軽で確実！
# バーベキューグリルの使用方法

57ページで紹介した古新聞の「クルクル巻き」を使って炭に着火させる方法を紹介します。新聞紙を一枚広げ、対角線上に折り込んでつくります。これを互いに触れ合うように置くのがコツです。点火は風上から数カ所へ！

**「クルクル巻き」を5～6個つくる**

この上に炭を置くので「クルクル巻き」はこのくらいつくろう。互いに触れ合うように置く。

**炭はピラミッド状に積むのがコツ**

触れ合うように置いた「クルクル巻き」の上に、小ぶりの炭を重ねて置く。高く積み上げよう。

**風上から点火する**

一番下の「クルクル巻き」に点火する。風上側から数カ所に点火しよう。

**焦らずじっくり待つ**

炭に着火するまで触らないこと。炭から炎が上がりだしたらうちわで風を送る。

# かまどの活用と石の組み上げ方

## 直火の炎を囲みながら だんらんの時間を！

焚き火を効率よく利用する「かまど」は先人達の知恵の集まり。謙虚に見習って少ないマキを効率よく燃やし続け調理にも活用したいものです。焚き火の主流は観賞用になりましたが、薪は貴重な資源です。無駄に燃やさず有効に利用することでキャンプの楽しさも倍増するでしょう。

**これは便利です！**

### キャンプ場のかまどを利用する

すべてのキャンプ場に設置されているわけではありませんが、多くのキャンプ場で見かけます。各サイトに設置されているかまどは、その場所以外では直火禁止という意味でもありますので、注意してください。

**ドラム缶やU字溝を使ったかまど**

キャンプ場のレンタル品として、ドラム缶を改良したものや、U字溝をかまど代わりにするものがある。サイトに設置されている場合もあるので有効利用しよう。

**バーベキューエリアのかまど**

これは別料金が発生するバーベキューエリアにあるかまど。キャンプ場によってはガスグリルが使えるところもある。

焚き火の後始末 ››› P096

## 蓄熱効果を利用する
# かまどの種類と特徴

かまどは、キャンプ場にある石や土を使ってつくることが可能です。機能的なかまどをつくるには、風を上手に呼び込むことと、熱を逃がさない工夫が大切です。より自然に近いかたちで炎を操ってみましょう。

**ハンタータイプのかまど**

風の流れに平行につくり、燃えやすくするかまど。石の間に熱をためるので、大きな薪も燃えやすくなる。

**石組みのかまど**

最も知られているタイプ。開口部から風を入れ、空気を循環させる考え方で、蓄熱効果は抜群。

## 実践すれば簡単
# かまどのつくり方

石組みのかまどに使う大きな石は、川岸のキャンプ場なら簡単に見つかるハズです。全員参加でつくると、楽しいイベントになりますね。後始末は埋め戻しと石を元の場所に返すこと。絶対に忘れずお願いします！

**まずは穴掘りから**

かまどになる地面を少し掘っておこう。調理に使う場合は、火床との距離が大切。

**石を集める**

できるだけ同じくらいの大きさの石を集めよう。手袋を着用してケガをしないように。

**石を組む**

開口部を風上にし、かまどの上が平行になるように石を組む。三方をふさげばいい。

**手持ちの網をのせる**

仕上げの段階では、網の大きさと相談しながら、網が平行に安定するように調整する。

# キャンプで楽しむ 炭火は不思議な熱源だ

## 炭の特性を知って おいしい料理をつくろう!

不思議な力がたくさんある炭は、木材の炭化物質。代表的な特徴は遠赤外線を出すことや、長時間安定して燃え続け、煙が少ないことです。さらには脱臭効果や乾燥剤としても有効なのだから驚きです。炭の特性を知り、上手に使ってキャンプを楽しみましょう。

キャンプに適した炭を知る

### 炭の種類と特徴

炭は触っても手が汚れない白炭と、触ると手を汚す黒炭の2種類に大別できます。白炭の代表、備長炭は着火に時間が掛かるのが難点。黒炭の代表はナラ炭で、着火が早く燃焼時間もキャンプに最適です。他にもたくさん種類がありますが、お馴染みの3品を解説します。

**ナラ炭**

**着火が早く安定する キャンプには最適!**

国産の炭が多く、においや形も最高。燃焼時間も2時間くらいで、キャンプ料理にも最適である。

**備長炭**

**火力の安定は随一! 着火に難点あり**

硬質炭で長時間安定した火力を発揮する。ただ、着火から安定期までに時間がかかり、キャンプには不適。

**マングローブの炭**

**すぐ消えてしまい オススメできない**

東南アジアから輸入している。燃焼時間が短く、火力保持が大変だ。安価なだけで魅力なし!

火起こしアイテムを効果的に使おう »P057　消し炭の再利用方法 »P097

## 目に見えない力
# 炭火の効果

炭が炎を上げている状態は、着火途中の合図です。これは誤解している人も多いので注意しましょう。炎がなくなり炭の表面が白くなったら火力安定期。もっとも調理に適したタイミングです。炭の火力を上げる場合は、炭をいじって白い部分を落とせばOKです。

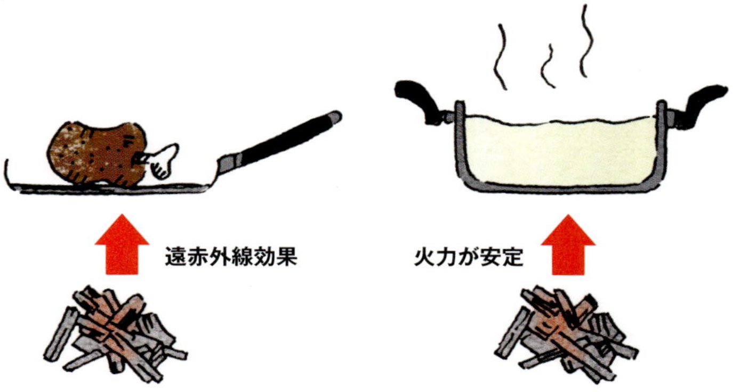


**その1 遠赤外線を出す**

遠赤外線は熱線なので、風にも影響されずにダイレクトに食材を加熱することができる。

**その2 長時間燃焼を続ける**

代表的なナラ炭の場合、約2時間ほど安定した火力を保ってくれる。バーベキューに最適です。

## 強火と弱火
# 火起こし用具たち

炭火を起こしたり、火力を上げたいときに便利な道具を紹介します。これらの道具を使いながら、バーベキューグリルに強火と弱火のエリアをつくろう。着火した炭は白く見え、黒い部分は遠赤外線を遮る原理と炭の密度を変えることで、火力調節します。

### トーチバーナーで強制点火させる

トーチバーナーはガスを使って強い火力を噴出する。逆さまにしても使える製品が発売されるなど進化が著しい。

### うちわを使って風を送る

うちわは上から振り下げるときに、力を入れ強く扇ぐ。ボウッ、ボウッと風を送るのがコツだ。

### STEP UP バーベキューグリルに強火と弱火エリアをつくっておこう

下の写真は白い炭が燃焼中であり、黒い炭は遠赤外線を遮るので熱（遠赤外線）を伝えにくい。この原理と炭の数（接触させる密度）でグリル内の火力調節をしよう。

### 1カ所に強く風を送るフイゴ

フイゴは細い噴出し口から、強い風を送ることができる。1カ所に集中して風を送りたいときに有効で、便利な道具。

### 手動と電動がある送風機

うちわの風とフイゴの中間のような風を送れる送風機。写真のような手動式と、電池で動くタイプがある。

# 野外料理はここが違う！

## お母さんに代わって野外では**お父さんが主役**

アウトドアで食べるおにぎりやカップメンが、普段より美味いのはご存知の通り。これは私たちの五感すべてが脳を活発に動かし、味覚を刺激している証拠です。草木の香りや風の流れ、笑い声も脳は旨味調味料にしてくれるので、慣れない調理でも心配ナシ！　楽しむ気持ちを忘れずに取り組みましょう。

豪快につくって楽しむ

### 野外料理は男が仕切る

アウトドア料理は調理能力と同様に、火を自由に操ることが重要です。限られた条件下で短時間にお腹を満たす料理を完成させるためには、ときに力技も必要ですから、ここは男の出番！　家庭ではなにもしないオトーサンでも男らしさの見せ場。ガンバリましょう！

**野外料理は父権復活のチャンス！**

キャンプでは日常家事担当のお母さんを、大切にして労わること。これは家族をキャンプ好きにさせる極意ナリ。

社会を教えよう！

## 子どもと一緒に料理をする

小さな子どもに包丁を持たせるのは危険。しかし親が刃物の扱い方を教えるのに最適なのもキャンプです。野遊びや調理など、子どもも積極的に参加させて、フィールドのルールや食の常識を伝えていこう。

地物に触れる！

## 食材を現地調達する

流通が発達し、全国どこからでも旬の食材が手元に届くようになりました。しかし、いまだに地元でしか食べられない食材も存在します。新鮮さも地元食材ならでは。キャンプ場周辺で食材探しをしてみましょう。

きずなを深める！

## 家族みんなで食事をする

現代社会では大人も子どもも時間に追われて暮らし、食事をひとりで食べる個食が増えている。しかしキャンプの食事は全員一緒が掟！　狭いアウトドア用テーブルは家族関係を密にするにも好都合だ。

採りすぎ注意！

## キャンプ場周辺で山菜やキノコを採る

キノコや山菜採りは楽しい仕事。図鑑片手に探してみるのも思い出になりますね。しかし、山には必ず所有者がいますから、必ず許可を得てから入山しましょう。山菜といえど、無断で採れば立派な窃盗です。

# 「クンクン法」でおいしいごはんを炊く

## 五感をフルに使って 極上のごはんをつくる

「クンクン法」とは、私の「ごはんの炊き方」です。時間だけではなく、音やにおい、火力に気を配って炊く方法です。炊きあがる時間の目安を書きますので、まずはソレをまねして挑戦してください。経験を重ねると「クンクン法」の極意が会得できるようになるでしょう。ニヤリ!

米炊きは真剣勝負!?

### クンクン法の手順

3カップのお米をクッカー（鍋）に入れ、ツーバーナーを使って炊く手順を紹介します。今回の条件では23分で炊きあがれば完ぺきなハズ! 電気炊飯器よりも早く炊けますので、忙しい家庭でも応用可能ですよ。

**1 コゲはコゲを呼ぶ**

使用するクッカーにコゲ跡があったら、キレイに取り除くことが大切(P99)。再びコゲをつくる原因になる。

**2 お米を研ぐ**

精米技術が向上して、最近はすすぐ程度でおいしくなるようにできている。それでも水を換えながら4〜5回は研ぐこと。

**3 お米と同量に水加減する**

キレイな水をお米と同量入れる。新米は１割減、古米は１割増量が基本。

### お米に水を含ませる

キレイな水を入れたら20～30分間放置。フタをしてホコリが入らないようにしよう。

### 弱火からはじめる

30分後、バーナーに水と米を入れたクッカーをのせて、沸騰するまで弱火をキープ。

### 重しを置いて火力を上下する

鍋が沸騰したら、拳大の石をのせる。3分間火力を中火にし、超弱火に戻す。

### 開始から20分経過

ピチピチという音は水がない証拠。あと3分で完ぺき。5分でオコゲに。

### 15分蒸らして炊きあがり

火を消して、フタを押さえ反転。内部の蒸気を全体にまわす。

STEP UP

### 自信がなければ弱火をキープ

3分間、火力を中火にするのは、鍋の中で対流を起こし、水を均等に吸わせるため。しかし、うっかりするとコゲの原因にもなるで、慣れるまでは弱火キープでいこう！ 1カップ以下の米を炊くときも、弱火キープが原則。

ATTENTION!

### 微妙な加減が大事！ 水の分量と蒸らしの話

炊くお米によって水加減は変化するから、上手に焚くにはお米の性質を知る必要がある。またお米に吸わせる水は一番最初の水が重要だ。最初に研ぐ水は上質な水を使うようにしよう。また水を吸わせる時間がない場合は、1割増量の水で炊くのが原則。仕上げの蒸らしも大事な時間、空腹でも15分間の我慢なのである。

# 刃物について知っておこう

## アウトドアのあらゆるシーンで 大活躍する必需品

刃物には危険なイメージがつきまといますが、野外活動のキャンプに刃物は欠かせません。調理用の包丁にはじまり、さまざまな機能が重宝するツールナイフ。焚き火の友のナタ類。さらにお気に入りの小型ナイフを絶えず身に付けておけば、くつろぎの時間にも重宝することでしょう。

ご存知ですか？

### 刃物の種類と特徴

キャンプで使う主な刃物の種類を解説します。刃物は嗜好品と思われていますが、キャンプでは実際に活躍する必需品なのです。さらに、用途によって使い分けると長持ちして、結果、経済的にも優しいのです。

#### シースナイフ、フォールディングナイフ

**好みが分かれる嗜好品ナイフ**

ケースに収納するのがシースナイフ。折りたためるのをフォールディングナイフと呼ぶ。

#### 包丁

**3本持つと便利**

肉や魚用の尖った包丁。野菜用の万能包丁。さらに果物用があれば、大勢で料理が楽しめる。

#### マルチツール

**工具としても使える**

ツールナイフにプライヤー（小型ペンチ）機能が追加されたタイプ。工具機能が充実している。

#### トラベルナイフ

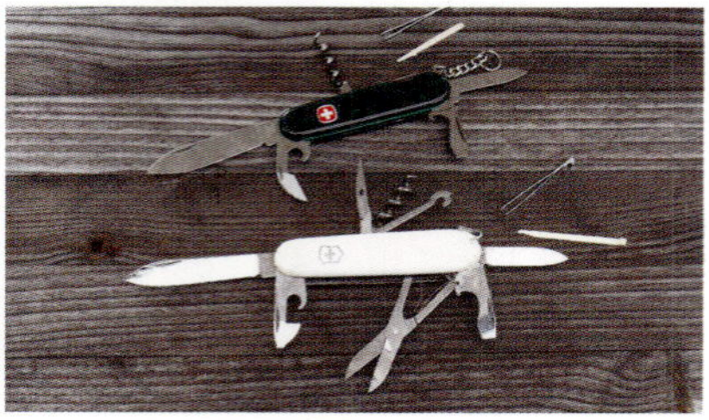

**アーミーナイフに代表される**

トラベラーと呼ばれるタイプが重宝する。ワイン抜き、缶切り、ハサミが使いやすい。

焚き火の準備 »P062



安全が第一！
## ナイフの使い方

ナイフは包丁と同じく、よく切れるほうが安全だといわれています。不要な力を加えることなく切ることが、安全への第一歩と考えましょう。また、刃先は他人や自分に向けないこと。危険なので、飲酒中も使用禁止です。

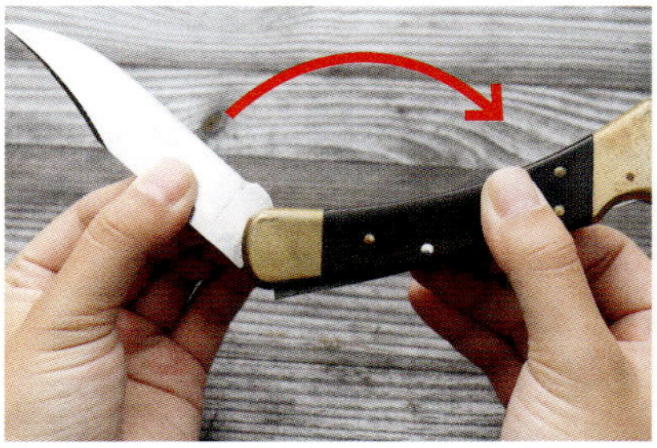

**フォールディングナイフの折りたたみ方**
ナイフを収納するときは、刃先が不意にたたまれるのを防ぐロック装置を解除してから行おう。

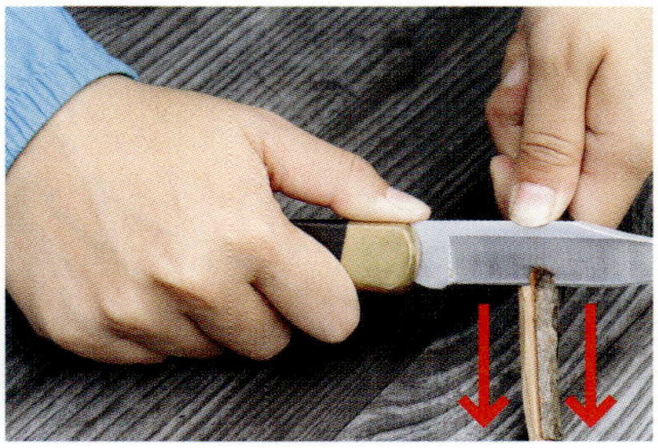

**確実に持ってスライドさせる**
ブレードの背に親指を当て、下に向けて力を加えながら斜めに動かすと軽く切れる。

力の入る薪割り
## オノ（ナタ）の使い方

オノやナタは主に薪割りに使います。大きな木を割るから力も相当必要です。万一事故が起こると大怪我になることもあるので慎重に扱いましょう。飲酒したら使用禁止！

**軽く刃を薪に当てる**
薪に至近距離からナタを当てる。間違っても大振りはしてはいけない。

**刃を食い込ませる**
ナタの背を木で叩き、刃を食い込ませたら、全体を持ち上げて振り下ろそう。

**もうひとつの使い方**
太い薪を燃えやすくする方法。薪に斜めにナタを打ち込み、ケバ立てる。

### 人に向けるのはNG 刃先に注意すること！

NG

会話しながらナイフを扱うとツイ近づきすぎて危険な状態になる。特に子どもには注意だ。

自分に刃先を向けては危険だ。工作に夢中になるとやってしまうこともあるから注意。

STEP UP
### マメに研いで切れ味を確保！

高価な包丁やナイフでも、いずれは切れ味が落ちてしまうもの。私は安物の包丁を使っているが、簡単に研げる道具を携帯して、頻繁に研ぐように心がけている。写真は安価な目立て器具と、ガラス瓶の底を使って刃先を研いでいる様子。しかし、高級ナイフはこの程度では研ぐことはできない。

# キッチンスペースの基本レイアウト

## 人の動きを考えて配置する
## キッチンレイアウト

料理を楽しくしてくれるアウトドア用調理器具は、効率よく配置することが肝心です。使えるスペースが限られるキャンプサイトでは、人の動線を考えながらキッチンを設置するだけで、不要な事故も未然に防ぎ、快適なキャンプサイトが簡単に実現するでしょう。

### 安全で動きやすい
### キッチンスペースを確保する

たくさんの道具を置くキャンプサイトは狭く、さらに食事時のキッチン周辺は大忙し！　走り回る人も出ることでしょう。そんな忙しい時間帯でも、人と人がぶつかることなく動けるような配置を考えてみましょう。

**焚き火・炭火は離れた場所に設置する**

人が集まるバーナーや調理台付近には、焚き火や炭火を設置しない（ツーバーナーで調理するのが前提）こと。

**メインテーブルは中央に配置する**

メインテーブルからの移動は、どこに行くにも直線で動けるように配置する。

**キッチン付近は片側利用にする**

メインテーブル側を人が動くように配置する。張り綱を引っ掛けないように、リビング側のみをキッチンとして利用しよう。

**サイドドアから車に出入りする**

ツーバーナーからもメインテーブルからでも、車内へ直線的に動けるように配置。

## 安定感は抜群！
# キッチンテーブルを利用する

市販のキッチンテーブルを利用して設置。収納時も大型で持ち運びには難点もありますが、大きく安定したキッチンを構成できるのはうれしいですね。2泊以上の滞在型キャンプには、特にオススメです。

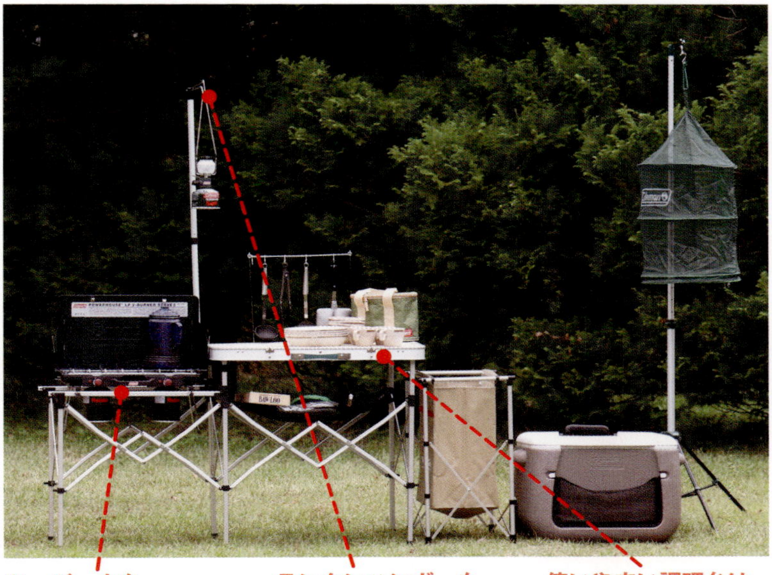

### ツーバーナも安定して置ける
大型のツーバーナーはなかなか安定して置ける場所がないが、これは大丈夫！　確実に安定する。

### ランタンハンガーも付いている
夕方以降に欲しくなるランタンの明かり。キッチンテーブルに付属しているランタンハンガーをぜひ活用しよう。

### 使いやすい調理台はとても便利
センターに配置し、移動が簡単。また、目の前にはフックがあり、調理小物を掛けることができて便利だ。

### ウォータータンクは独立させよう
重量があり、水跳ねを起こすタンクは、独立したスタンドなどに置くほうが使いやすい。

### 食器乾燥ネットをかける
ランタンスタンドに食器乾燥ネットを掛ける。日中は不要なスタンドを利用。

## 気持ちよく調理
# 炊事棟の使い方

炊事棟は、キャンプ場に訪れたみんなが共有して利用する場所です。個人のわがままで汚したり、占有してはいけません。自宅のキッチンのように、清潔に利用するようにしましょう。

### 汚れを拭き取り気持ちよく
使用後はシンクを簡単に拭き取ろう。次に使う人を思いやる気持ちを忘れずに！

### 流水を活用しよう
魚をさばくときなどは、流水を使うと効率よく作業できる。水量の制限がない炊事棟は便利だ。

## ATTENTION!

### 炊事棟のゴミについて考える
炊事棟で料理の下ごしらえをすると、必ず出るのが生ゴミ。指定のゴミ袋を用意して処理するが、炊事棟にゴミ捨て場がない場合は、必ず自分のサイトに持ち帰り、ほかのゴミと一緒にキャンプ場のルールに従って処理しよう。

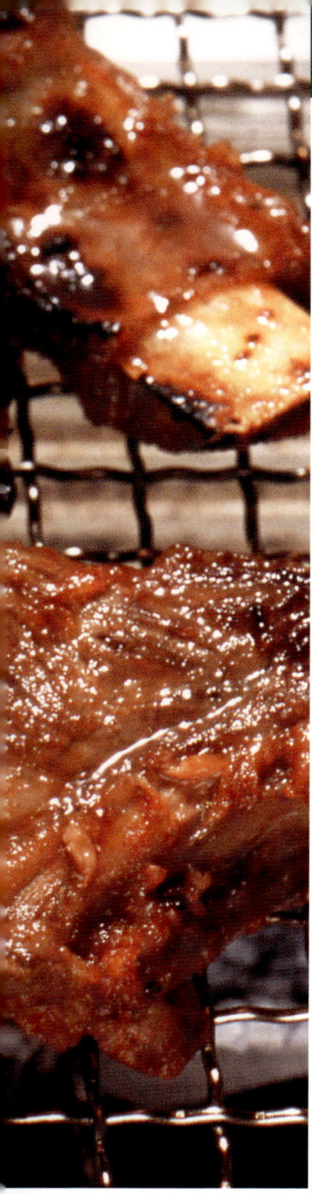

# スペアリブ

スペアリブを自分で調理するのは難しいと思うかもしれませんが、実はとても簡単な料理なのです。時間さえ守れば手間の掛かる料理ではないので、アウトドアでも安心して調理してください。

簡単調理でも豪華で豪快！

調理時間
**60分**

**材料**（4人前）

| | |
|---|---|
| 豚スペアリブ | 1kg |
| ＜漬けタレの材料＞ | |
| おろしニンニク | 2片 |
| おろしショウガ | ニンニクと同量 |
| 砂糖 | 30 g |
| しょう油 | 大さじ3 |
| 日本酒 | 大さじ4 |
| ケチャップ | 大さじ4 |
| 塩 | 小さじ1 |

【つくり方】

1 鍋に湯を沸かし、アクをとりながらスペアリブを15分間ゆでる。

2 その間にタレの材料をすべて混ぜ合わせておこう。

3 スペアリブの下ゆでが終わったら、スペアリブを取り出し熱いうちにタレを絡め30分程漬け込む。ときどき向きを変えてスペアリブにタレが均等に絡むようにしよう。

4 時間が来たら焼アミを熱し、スペアリブを焼く。焦げ付きやすいので超弱火で軽く炙る感じが好ましい。香りがたったらかぶりつこう！

【手順＆コツ】

**1 下ゆでから始める**

スペアリブの下ゆでをするとき、持っていたら、セロリの葉やパセリの茎を一緒にゆでると、臭みが消えてさらに食べやすくなる。

**2 タレは材料を混ぜるだけ**

ニンニクとショウガはチューブ入りのおろしたモノを使えば本当に簡単。また、おろしタマネギを加えると甘みが増す。

**3 30分の漬け込み**

向きを変えてもタレがこぼれる心配もない密閉袋が便利だ。火傷に注意して!

**4 超弱火の仕上げ**

しょう油とケチャップが入ったタレはとても焦げやすい。超弱火でさっと炙る程度で食べてほしい。

**POINT!** タレはとても焦げやすいので注意が必要。必ず超弱火で仕上げて欲しい。

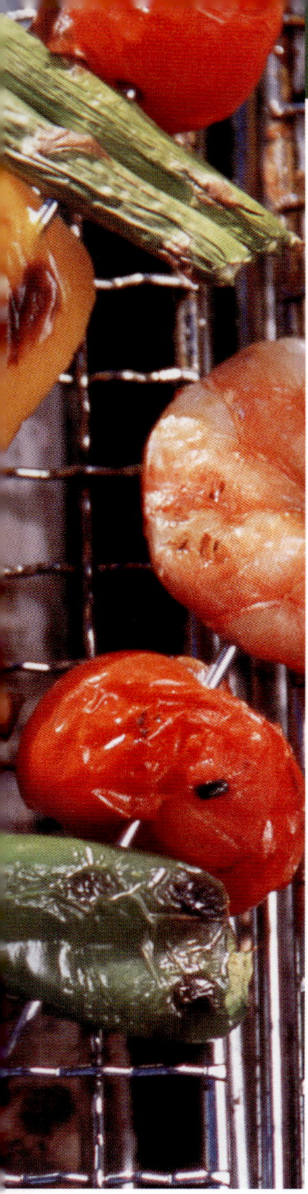



安心のオイル漬け

# マリネで旨い串焼きです！

クーラーの保存が原則の魚介類も、オイルやワインに浸けておけば、傷みも少なくサマーキャンプでも安心感が増します。マリネ液にはお気に入りのハーブをドンドン追加してみましょう。

**調理時間** 80分

**焼き時間** 5~10分

**材料**（4人前）

| | |
|---|---|
| 鮭 | 2切れ |
| ホタテ貝柱 | 4個 |
| エビ大 | 4尾 |
| パプリカ | 2個 |
| アスパラ | 4～6本 |
| タマネギ | 1個 |
| トマト | 小4個 |
| ピーマン | 2個 |
| 塩 | 適量 |
| コショウ | 適量 |

※魚介類と野菜は好みで揃えよう。

**<マリネ液の材料>**

| | |
|---|---|
| レモン汁 | 大さじ3 |
| コンソメ顆粒 | 小さじ1 |
| 白ワイン | 100mℓ |
| おろしニンニク | 1片分 |
| 刻みパセリ | 大さじ3 |
| オリーブオイル | 大さじ2 |
| 塩 | 小さじ1/2 |
| コショウ | 適量 |

**【つくり方】**

1 魚介類は食べやすく切っておく。野菜も大きなモノは串に刺しやすく、食べやすい大きさに切り分けておこう。

2 マリネ液の材料を器に合わせたら、❶の材料をすべてマリネ液に漬ける。味見をして、塩コショウで調えておこう。

3 魚介類と野菜をマリネ液に漬けたら1時間漬け込む。時間がきたら焼き時間を揃えるように串に刺し、弱火の網焼きで焼き上げる。網に酢を塗ると焦げ付き防止になります。

**【手順＆コツ】**

**1 マリネ液をつくろう**

今回あげた材料の他にも、好みのハーブを加えると楽しい。漬け込み時間のない場合は塗りながら焼くことも可能だ。

**POINT!**

**焼き時間の違う材料を同じ串に
刺してしまうと、焼き方が難しくなる。
できるだけ焼き時間の近い材料を
同じ串に刺しましょう。
また、網に酢を塗ると、
焦げ付き防止になります。**

**2 焼き時間を揃える**

串焼きは材料に火が通る時間が違うと、焼き方がとても難しくなる。
彩りを考慮しながらも、加熱時間を揃えるように串に刺す。

ジューシーな
食感がうまい！

# 牛肉ブロックの塩釜焼き

難しい料亭料理のような塩釜焼きは、実は包丁すらいらないお手軽料理だったのです。今回のように、圧力をかけながら蒸し焼きできるダッチオーブンでつくるのが最高ですが、中華鍋でも調理可能です。

**調理時間**
**60分**

**材料**（4人前）

| | |
|---|---|
| 卵 | L玉2個 |
| 牛肉ブロック | 500グラム |
| 塩 | 2kg |

## 【つくり方】

**1** 適当な大鍋に塩を入れ、そこに卵2個分の卵白を加えて、粘りが出るまで混ぜる。これで練り塩が完成する。

**2** 牛肉をクッキングシートで包んだら、低温（100度くらい）に加熱（プレヒート）したダッチオーブンの底に、練り塩の半量を使って、肉がのる部分だけ塩を敷き、クッキングシートに包んだ肉を置く。火傷に注意！

**3** さらに肉全体を覆うように練り塩をかぶせよう。下に敷いた塩と、被せた塩の厚さが均一になれば大成功だ。フタをして、フタにも炭を置き、中火で約40分焼けば完成！

## 【手順&コツ】

**1 塩に卵白を加える**
卵2個分の卵白だけを使うので分離しておこう。

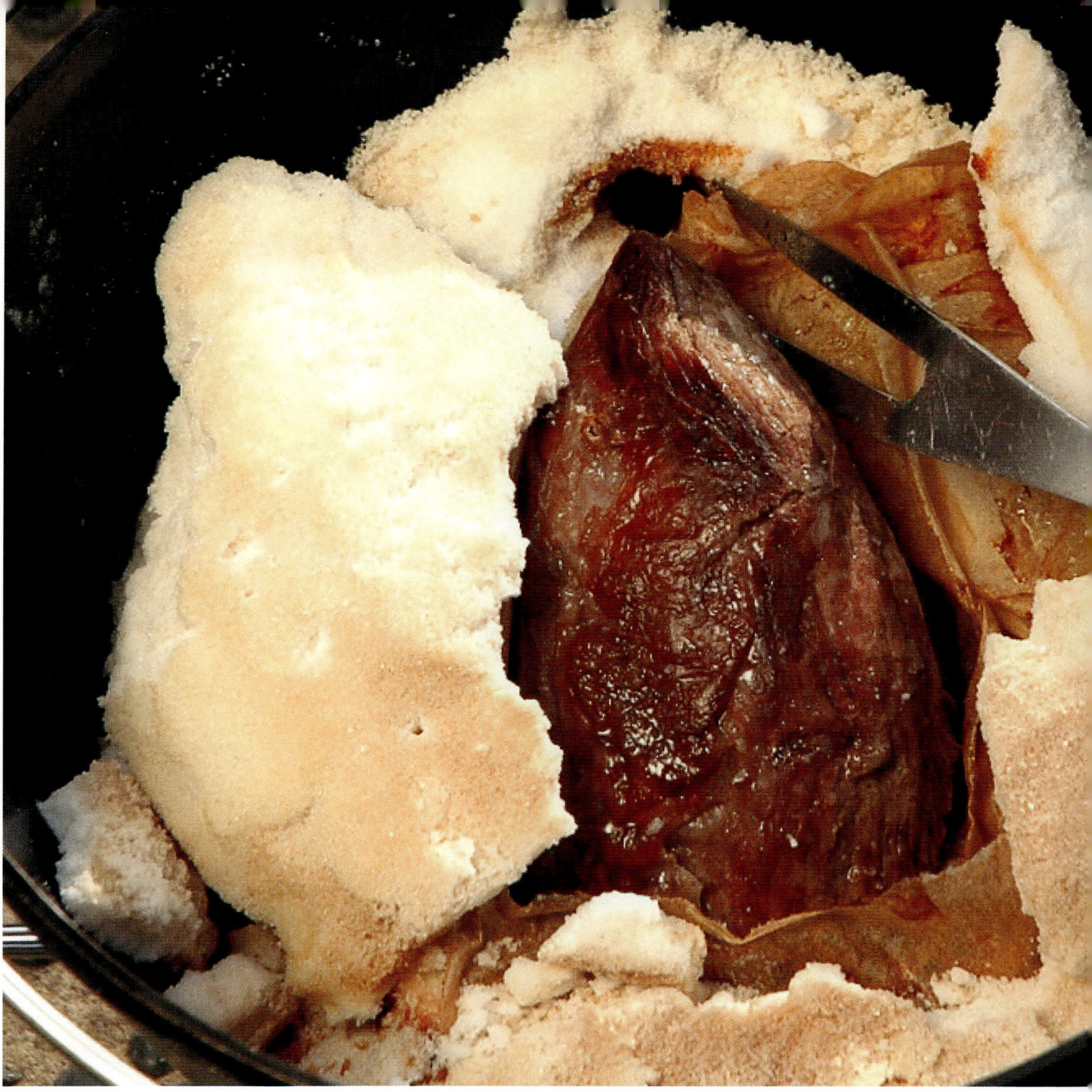

**2 粘りが出るまで混ぜる**

練り塩は、写真のように握っても崩れない程度になれば完成だ。

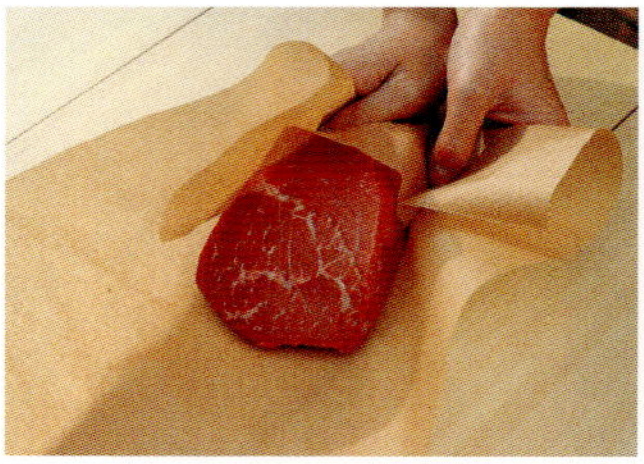

**3 クッキングシートで包む**

クッキングシートは省略も可能だが、肉が塩辛くなるので使うことをすすめる。

**4 練り塩を被せる**

底の練り塩は肉がのるところだけに必要なので、無駄に敷かないこと。練り塩の厚さをそろえるのが上手に焼くコツだ。

**POINT!** この料理で使う牛肉は、適度に脂身があるリブロースや肩ロースが最高でしょう！また、焼いた塩はつけながら食べてOKです。

# 香るローストポーク

## 食欲をそそるニンニク・ハーブ焼き

ダッチオーブンと金属製の中敷きを使って、簡単にローストポークをつくります。ダッチオーブンを事前に温めることが大事な調理方法なので、確実にやっておきましょう。ソースは爽やかなレモンと塩コショウです。

**調理時間**
**45分**

**材料**（6～8人前）

| | |
|---|---|
| 豚肉肩ロースブロック | 1kg |
| ニンニク | 5～6方 |
| 好みのフレッシュハーブ | 2～3枝 |
| （ローズマリー、ミント、バジル等） | |
| 塩 | 小さじ1 |
| コショウ | 小さじ1 |
| レモン | 1/2個 |



**【つくり方】**

1 ダッチオーブンを高温に温めておく（プレヒート）。

2 肉のところどころにナイフを突き刺し穴をあけ、そこに小分けして皮を剥いたニンニクとハーブを埋める。

3 熱くなったダッチオーブンを火から下ろし、肉の表面に焦げ色をつける。ここで肉を一度取り出し、中敷きを入れてから肉をダッチオーブンに戻す。

4 弱火にダッチオーブンを掛け、フタにも火種をおいて40分ほど焼いたら、肉の中心まで金串を刺して抜く。透明な肉汁が出たら完成だ。火から下ろして余熱を冷そう。金串の穴から赤い肉汁が出てきたら更に焼き続ける。

5 分量の塩、コショウ、レモンを混ぜてつけダレをつくり、冷めたら薄く切り分けて食べる。

**【手順&コツ】**

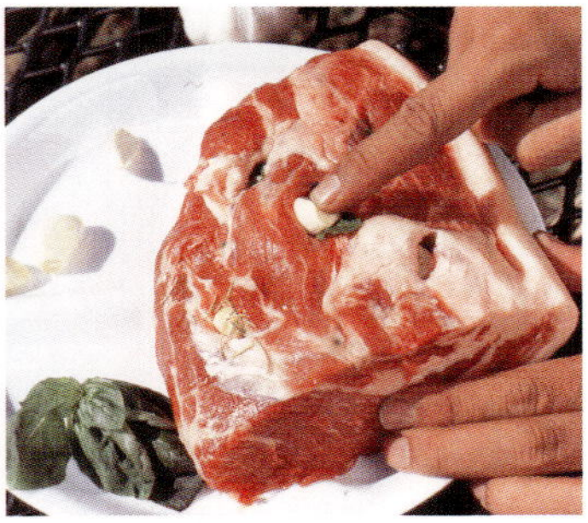

**1 香りを埋め込む**
肉にナイフを刺し、切れ目を入れて、小さく切ったニンニクとハーブを適当に埋め込んでおく。

**2 焼き色をつける**

高温に加熱したダッチオーブンを火から下ろし、肉に焼き色をつけておこう。

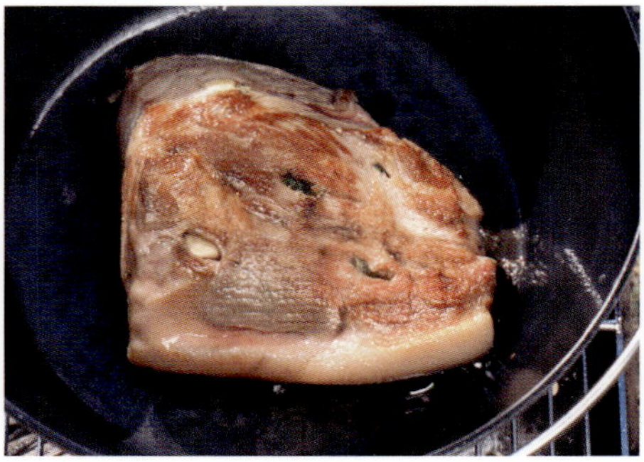

**3 中敷きを置いて焼く**

フタをしてフタにも火種を置くことを忘れずに！。焼けたら余熱が冷めるまで待とう。

**POINT!** ダッチオーブンはまず高温に加熱します。
ダッチオーブンを火から下ろして、肉に焼き色をつけたら弱火にかけましょう。

市販シチューの素で手軽に料理する

# 焼きビーフシチュー

ダッチオーブンを使って焼いて仕上げるシチューです。野菜や肉の香ばしさがシチューと混ざり合い、一度食べたらクセになる味わいですよ。

調理時間 **50分**

**材料**（4～5人前）

| | |
|---|---|
| サラダ油 | 大さじ1 |
| ニンニク | 2片 |
| シチュー用牛肉 | 350グラム |
| ビーフシチュー用ルウ | 6皿分 |
| ジャガイモ | 小4個 |
| ニンジン | 1本 |
| タマネギ | 小2個 |
| 水 | 1000mℓ |
| コンソメ | 1個 |
| アスパラガス | 4本 |
| 生クリーム | 適量 |



**【つくり方】**

**1** ダッチオーブを中火にかけて低温（100℃位）に加熱（プレヒート）したら、サラダ油と潰してからスライスしたニンニクを入れて、ニンニクの香りを出す。そこへ肉を加えて焼き軽く焦げ目をつけておこう。

**2** さらに乱切りしたジャガイモとニンジン、タマネギを加え炒め続ける。全体がしんなりしたら、水1ℓとコンソメを入れてフタをして30分間煮る。

**3** ニンジンが完全に柔らかくなったら、シチューの素を溶かし入れよう。ルウが溶けたらアスパラガスを食べやすく切り、鍋に入れてフタをする。フタの上にも火種を置き（強火）、10分程焼いたら仕上げに生クリームをかけ回して完成だ。

**【手順&コツ】**

**1 焼き色をつける**

ここで肉に完全に火を通す必要はない。焼色をつけることに専念しよう。ニンニクは低温から炒めたほうが香り豊かに仕上がる。

**2 味をつける**

水を加えたらコンソメを入れる。このコンソメがコクと旨味の素になってくれるのだ。カレーにもおススメする。

**3 フタの炭火でコンガリと!**

アスパラを投入したら、仕上げに入ろう。フタには必ず強火の炭を置き、短時間に焼いて仕上げてほしい。

**POINT!** ダッチオーブンを事前に温める（プレヒート）は確実に実施しよう。
また仕上げの上火は強火で短時間に仕上げたい。

スペイン男の代表料理

# 鉄板パエリア

豪快に鉄板で料理してみましたが、パエリアには広く浅いバーベキュー用の鉄板が好都合なのです。パエリア専用の鉄板を購入する前に、一度お試しください。

**調理時間**
**60分**

**材料**（4～5人前）

| | |
|---|---|
| サフラン | ひとつまみ |
| 水 | 400㎖ |
| ハマグリ | 8個 |
| アサリ | 16個 |
| ホタテ貝柱 | 適量 |
| イカ | 1杯 |
| 大えび | 4尾 |
| 鶏もも肉 | 200g |
| ピーマン | 1個 |
| トマト | 2個 |
| タマネギ | 1個 |
| オリーブオイル | 大さじ3 |
| 米（無洗米が好ましい） | 2カップ |
| 白ワイン | 200㎖ |
| コショウ | 適量 |
| タイム | 少々 |
| 塩 | 適量 |
| 粗引きソーセージ（チョリソー） | 1パック |

【つくり方】

❶ サフランを100㎖の水に漬けたら、貝類の砂抜きをして洗い、イカはさばいて輪切りにする。エビは皮をむき、鶏肉はぶつ切り、ピーマン、トマトはサイの目、タマネギはみじん切りにする。

❷ 鉄板に大さじ1のオリーブオイルを熱して、鶏肉に焦げ目をつけたら取り出し、❶の野菜も炒めて取り出しておこう。鉄板に新たにオリーブオイル大さじ2を入れて熱し、米を炒める（米は無洗米が便利）。

❸ そこに白ワイン、炒めた鶏肉、トマト、ピーマン、タマネギ、つけ汁ごとのサフラン、スパイス類、水を入れて塩でうす目に味付けしたら混ぜ合わせ、残りの具材を形よくのせる。水が不足してきたら足してOK。米が煮え、貝が口を開けば出来上がりだ。

【手順&コツ】

**1 下準備をする**

加熱がはじまると、一気に忙しくなるから材料は全て下ごしらえしておこう。サフランを水に漬けることもお忘れなく！

**2 鶏肉と野菜は別々が基本**

このように大きな鉄板なら同時進行も可能だが、炒める時間が違うので分けて炒めるのが基本。

**3 米と肉野菜を炒める**

飾りになる具材を除き、米と一度炒めて馴染ませ、味もつけてしまおう。すこし薄目の塩加減が美味いと思う。

**4 キレイに飾ろう**

ソーセージやエビ、イカなどはキレイに飾り、パエリアの華やかさを演出しよう。具材は好みで変えても大丈夫。

**POINT!** ご飯料理のパエリアは、炊くという概念ではありません！米を蒸し焼きにする料理です。途中の差し水もありですから、気楽に調理してください。

# ダッチオーブンと呼ばれる由来

本書でも使用しているダッチオーブンは、近年野外料理好きに人気の鉄鍋だ。この鉄鍋がダッチオーブンと呼ばれるようになった理由をお話しよう。

話は西部開拓が始まる以前の北米大陸に遡る。現在のニューヨーク（マンハッタン）に最初に入植したのはオランダ人だった。その頃はニューヨークもニューアムステルダムと呼ばれていたが、1652～1676年頃までに3回起こった英蘭戦争でオランダは負けて、マンハッタンを追い出されてしまった。しかし既に財を成していたオランダ人は、ヨーロッパから鉄器を輸入してアメリカ各地を売り歩き、その鉄器をダッジオーブン（オランダ＝ダッジ）と呼ぶようになった。中でも、この鉄鍋は西部開拓時代のカウボーイたちが愛用し、改良を加えられながら西海岸まで到達したことで有名になり、現在も世界各地で愛用されている。

PART 4

# 撤収はスマートに美しく！

撤収とは、帰宅準備のことです。楽しく過ごした時間を思えば、心と体は重くなるもの。ただ、撤収時から次のキャンプははじまっていると考えたらどうでしょうか。道具を美しく収納できれば、きっと「またキャンプがしたい！」と思うはずです。ひととおり道具の使い方をマスターしたら、リペアとメンテナンスの方法も覚えておくといいでしょう。

# テントサイトのかたづけ方

## 8つの手順を覚えて効率よく撤収しよう！

楽しい時間はなぜかアッという間に過ぎてしまうモノ。キャンプ場で過ごす時間も同じです。帰宅の準備には、どうしてもかたづけが必要！　これさえなければキャンプはもっと楽しいのに……と、誰もが思う面倒な作業ですが、手順を守れば効率よく短時間で終了します。

手順を決めてスムーズに！

### テントサイトの撤収方法

撤収には指示を出すリーダーがいると、作業はスムーズに進行します。リーダーは手順を記憶して指示を出し、参加者全員で効率よく撤収するようにしてください。憂うつな雨の日の撤収でも、1時間の所要時間が目安です。

1

**テント内の撤収からはじめよう**

まずはテント内をかたづけよう。シュラフ、マット、個人の私物と、すべて収納する。テントから荷物を出して、車の後方に置いておこう。雨の日はタープの下にまとめておく。

**キッチン関係を撤収する**

食器やクッカーの洗い物係と、キッチンまわりをかたづける係に分かれて作業。洗った食器類はテーブルに置いて乾燥させよう。

2

STEP UP

**ブルーシートが活躍する**

袋やケースに収納した荷物は汚したくないもの。そんなときは、量販店でも安価に買えるブルーシートを車の後方に敷いておくと便利。ない場合には、テントの下に敷く、グランドシートで代用するのもいいだろう。

### 段取りよく車に積み込もう

後方視界を確保できるように積載しよう。四角いモノ、大きなモノを先に積み、水平にするのがコツ。（くわしくはP102の「荷物の積み込み方法」へ）

### すべてを積み込んだら完了！

荷崩れしないように確実に押さえることが大事。私はゴムロープも使って固定している。気をつけて帰宅しよう！

太田流極意

**テント内撤収と洗い物を先に済ませること！**

STEP UP

### 食器のしまい方

ホーローなどの丈夫な素材で作られているアウトドア用の食器。堅牢そうに見えるが、表面は傷つきやすいもの。揺れる車での移動を考えて、緩衝材を挟んでおくことをススメル。

**キッチンペーパーを使う**

洗浄したらキッチンペーパーを緩衝材に使う。清潔感がある。

**ケースに収納するのがベスト**

専用のケースなどに収納すると、キズや騒音、ホコリの侵入などの心配がない。

### 食器類とキッチン関係を収納

食器類を乾かしたら、ケースに収納する。同時にキッチンテーブル関係も収納して、車の後方に運んでおく。

### テントやチェアなどを収納する

テントを撤収し、チェア類もかたづける。袋に収納したモノは、テーブルに置いて確認してから車の後方に置く。

### メインテーブルの撤収

メインテーブルは撤収中の仮置き場にするので、最後に収納しよう。雨の日はこの段階で車内に積み始める。

### タープの撤収

ここまでくればもうひと息！　ガンバッテ〜。雨の日はタープ以外を車に積んでから撤収する。

# テント&タープの上手なしまい方

## 設営と逆の順序をたどるのが基本

設営時とは逆の順番で作業するのですが、オートキャンプで使用するテント類は基本的には相当大きく重いので、少しのコツが必要となるのです。キチンとケースに収納して、次回も快適に使えるようにするだけなのですが、時折困っている人を見かけます。手順を頭に入れておきましょう。

2人でやろう

### タープのしまい方

タープにはいろいろなタイプがありますが、ここでは最も普及しているヘキサタープを例にして、撤収方法を紹介します。大きくて自立しないポールもあるので、2人で作業すると安全にできますよ。

1 **メインポールを外す**
すべてのサイドペグを抜いて、片側のメインポールを倒す。

2 **残ったポールも倒す**
ロープをすべて外し、抜いたペグは洗って収納する。

3 **汚れを落とす**
メインポールの位置を2人で持ち、汚れを振り落とす。

4 **長方形に折りたたむ**
地面に置き、台形になる部分を折り込み長方形にたたむ。

5 **袋のサイズに合わせる**
収納袋を置き、袋のサイズに合わせるように折りたたむ。

6 **空気を抜きながら**
膝を使って空気を抜きながらたたみ、収納袋に入れる。

乾かしてから収納する

# テントのしまい方

テントには、ドームテントとロッジテントの2種類があることは前記しました。ここでは、一般的に普及しているドームテントを例にして、収納の方法を紹介します。まずはテントを乾かすことからはじめてください。

太田流極意

ときどき折り目を変えれば**耐久性が向上**します！

### ペグを抜いてフライシートを外す

最初にテントを固定しているすべてのペグを抜き、フライ内側の固定テープを外して、フライシートを乾燥させておく。

### テント本体のポールを抜く

クリップからポールを抜いて、ジョイント部が破損しないように注意しながらポールを分解。汚れを拭いて収納する。

### テント本体を折りたたむ

ポールを抜いたらテント本体（インナーテント）を広げて、内部の空気を抜きながら、内側に折り込んでいく。

### 長方形に折り込む

この段階では大きく2つか3つの長方形に折りたたんでいく。四隅を押さえてたたんでいくと、きれいに仕上がる。

### 収納袋に合わせて折りたたむ

収納袋を近くに置き、テントの短辺が袋の幅に合うように、大きさを合わせて折りたたんでおこう。

### フライシートを折りたたむ

今度はフライシート折りたたむ。頭頂部を持ち、はみ出す部分を内側にして、長方形に折りたたんでおこう。

### フライも収納袋に合わせよう

インナーテントと同じように、収納袋を近くに置いて、サイズを合わせながら折りたたむ。2人で行うと簡単だ。

### 部品を重ねて納めるのがコツ

折りたたんだフライシートにインナーテントを重ね、ポール袋を芯にして、すべてをひとまとめに巻いていく。

### 収納袋を被せるのがコツ

巻いてひとつにしたテントを収納袋に入れるのではなく、収納袋を上から被せるようにしていくと、すっぽり簡単におさまる。

# シュラフ&マットのしまい方

## コンパクトにまとめて 美しく収納！

シュラフ（寝袋）やマット（特にエアマット）を収納する袋は、コンプレッションバッグと呼ばれ、押し込んで小さくたためるようにできています。このことを知らずに普通の感覚でたたんでしまうと、入らない！　なんてことになるのです。絞るようにまとめるのがコツですよ。

空気を抜いて収納する

### シュラフのしまい方

マミー（ミイラ）型で化学繊維を使用するシュラフを想定して、収納方法を紹介します。ダウン（羽毛）を使ったシュラフも同じ方法で構いませんが、シュラフは空気を含んで膨らみ、保温する構造。収納時にはこの空気を抜く必要があることをお忘れなく。

**まずは広げて ファスナーを閉じる**

慣れるまではテント内やシートの上で収納しよう。シュラフを広げたらファスナーを閉め、近くに収納袋を置く。

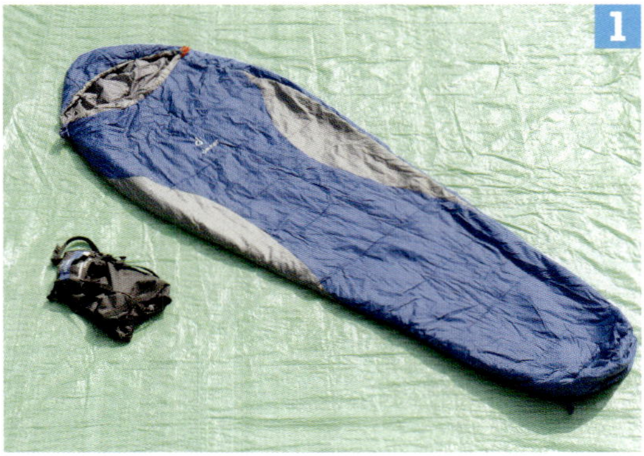


**収納しやすいように 幅を揃えてたたむ**

マミー型のシュラフは肩幅付近が広く、足先が細くなる構造。細い足先に揃えるようにたたんで、幅を揃える。

STEP UP

**ダウンシュラフ 専用の収納方法**

収納袋に足先部分から順に押し込むだけ！　このほうがダウンを傷めないという意見もある。私的には収納時の形が不細工で好まないが、時間短縮にはなるだろう。

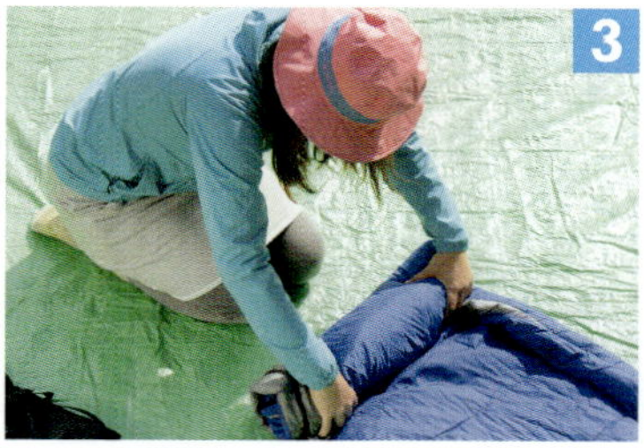

### 頭部側から巻いていく

幅を揃えたら頭部側から巻きはじめる。膝で押さえたりして、含んでいる空気を抜きながらキツク巻いていこう。

### 収納袋に押し込む

小さな収納袋に巻いたシュラフを押し込み、袋ごと回転させながら少しづつシュラフを押し込むのがコツだ。

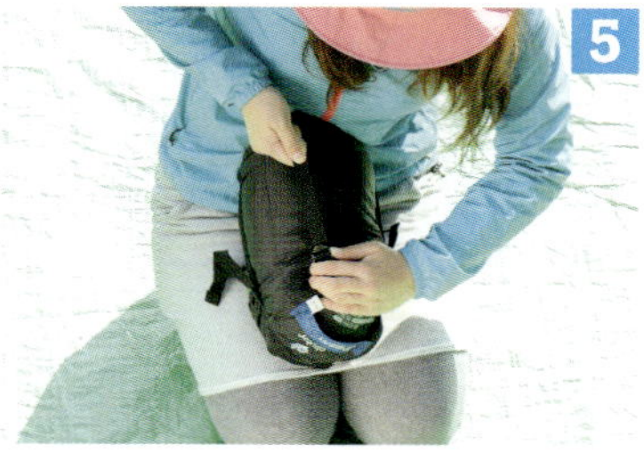

### さらに小さく収納するために

収納袋には圧力が掛かる紐や圧縮調整ベルトがついている。袋をギュっと押さえながら、紐やベルトを締めて完了だ。

STEP UP

## 封筒型シュラフの収納方法

封筒型は幅が均等で、収納袋は大きめにできている。空気を抜きながら丸めるだけで、簡単に収納することができる。

マミー型と同様に、まずは広げて頭部側に座る。

収納袋のサイズに合わせて半分にたたむ。

膝などで空気を抜いて圧縮し、巻きベルトで締めて袋に収納。

主流はエアマット

# マットのしまい方

オートキャンプでは、快適な睡眠をもたらしてくれるエアーマットに人気が集まっています。人気の秘密は快適性だけではなく、軽量でコンパクトに収納できる点にもあるようです。しかし収納には少しコツが必要です。覚えておきましょう。

### マット内の空気を抜く

肩付近にあるエアバルブを緩めて、内部の空気を抜く準備をする。

### 収納袋に幅を合わせる

近くに収納袋を置いてサイズを合わせ、バルブのないほうから折りたたむ（写真は幅が袋と同じタイプのもの）。使用面を内側にして折り込もう。

### 空気を抜きながら巻いていく

体重をかけながら空気を抜きつつ巻く。膝に体重をかけながら空気を抜くのがコツ。

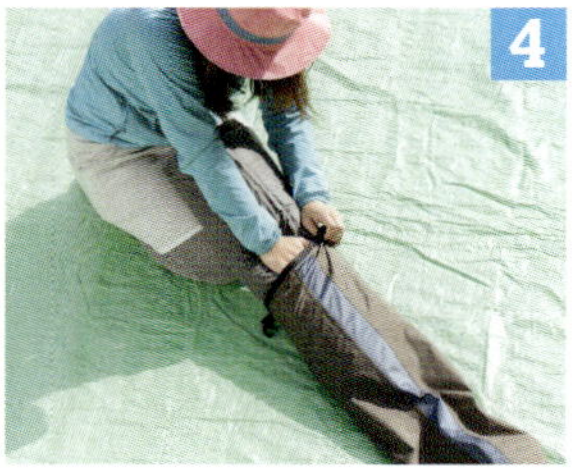

### エアバルブを閉じて収納袋へ

巻き終えたらエアバルブを閉じて収納する。油断するとスグに空気を含むので、手早く作業しよう。

# その他のギアのしまい方

## 燃料漏れと破損に注意しよう

ガス式ツーバーナーと、ガソリンランタン。さらにテーブルとチェアの収納方法を解説します。バーナーとランタンは必ず、触れる程度に冷めてから収納することをお忘れなく！　使用時に付着した汚れは、掃除してから収納するのが全てに共通する基本作業です。大切にして長く愛用しよう。

燃料はガスです

### ツーバーナーのしまい方

ガソリンバーナーに比べれば、圧倒的に扱いが簡単なガス式ツーバーナー。錆びの防止と汚れを取り除くのが主な仕事ですが、こんな簡単な作業を怠るだけで、道具の寿命は著しく短くなってしまうのです。単純な作業ほど、慎重かつ丁寧に行う習慣を身につけましょう。

1

**ゴトクの清掃をする**

大型ゴトクは簡単に取り外せるタイプが多い。清掃したら水気を拭き取って、錆びを防止。

2

**調理時の吹き零れや汚れを掃除する**

ゴトクを取り外したら、バーナー付近に落ちたゴミや吹き零れを、丁寧に拭き取って乾燥させる。

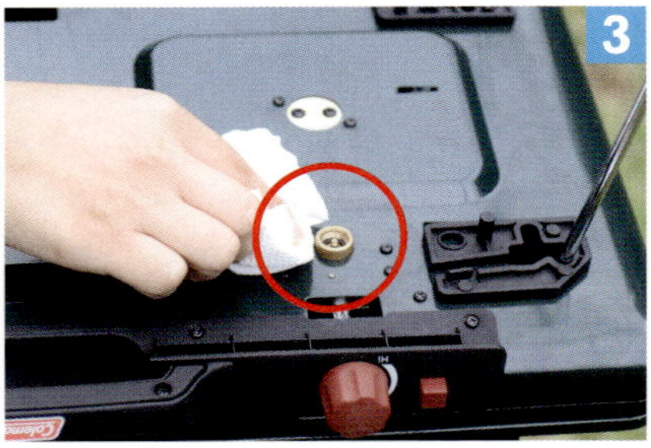

3

**燃料ガスの取り付け口はキレイに！**

本体を裏返し、燃料ガスの取り付け金具を掃除する。ココの汚れはガス漏れに直結する。

4

**残ったガス燃料にはキャップをする**

使用後に残ったガスは必ず付属しているプラスチックキャップをして、40℃以下で保管しよう。

ツーバーナーのメンテナンス方法 » P108　ランタンのメンテナンス方法 » P109

使用直後は高温

## ランタンのしまい方

専用ケースが付属している場合は、必ず専用ケースに収納します。専用ケースは防震効果も期待できるので、入れておけばとても安心。ケースが付属していないランタンは、購入時に入っていたパッケージが有効。同梱の緩衝材と共に捨てないように。

STEP UP

### ホヤを掃除して明るさアップ！

年に一度くらいはホヤの掃除をするようにしよう。汚れているときとは見違えるほど明るくなるはず。

**完全に冷ましてから収納する**

ランタンは発光と同時に発熱するもの。非常に高温になっているので、必ず冷ましてから収納するようにしよう。

**内圧を抜きバルブを閉める**

給油口を開けて、残存する内圧を抜きバルブを閉める。同時に燃焼バルブをシッカリ閉めて収納しよう。

コツを覚えよう

## テーブル＆チェアのしまい方

理解すればとても簡単な収納方法ですが、少しコツがあり、意外に戸惑う人もいるのがキャンプ用のイスやテーブル。簡単なコツを覚えておけば、初心者に手伝って貰う場合の指示にも困りません。現場で慌てないように一読しておいてください。

折りたたみチェア

**座面の両端を引き上げる**

内側に力を入れながら、座面の両端を引き上げると簡単にたためる。

収束型チェア

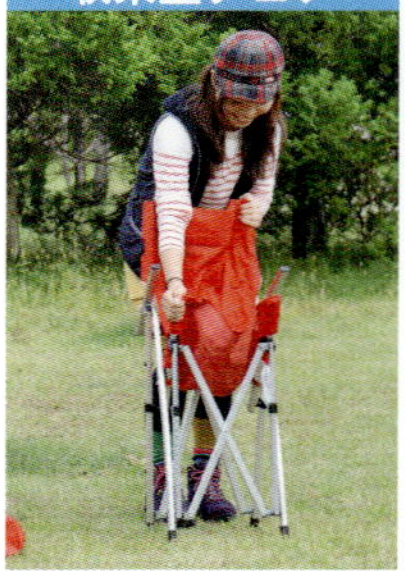

**中心に向かってまとめる**

座面は下側、背当ては内側に折り込み、中心に向かって収束させる。

ロールテーブル

**天板を折りたたむ**

平面同士を合わせるように、蛇腹の天板をたたむ。

**各所のロックを解除**

天板側のフレームをたたむと同時に、ロックも解除。

**指の挟み込みに注意！**

フレームは内側に向かって押すように力を入れる。

折りたたみ

**延長用の脚を外す**

座卓も可能なテーブルは、追加した脚を抜くところから。

**ロックの解除をする！**

脚の固定ロックを解除して、折りたたむだけの簡単作業。

# 焚き火や炭の後始末

## キャンプ場へ再び訪れる日を思い
## 現状復帰を心がける

焚き火跡は、登山家の間ではファイヤービットと呼ばれ、遭難した際には人の形跡として役立つこともあるようですが、大勢が利用するキャンプ場では必ず痕跡を消して帰りましょう。自分が再び訪れる気持ちと、次に利用する人や、自然に対する思いやりの心を忘れないようにしましょう。

これで完ぺき！

### 焚き火の後始末方法

最初に地面を少し掘り起こしてから、焚き火を開始することが大事です。コレを怠ると、後始末がとても大変になってしまいます。携帯スコップと火バサミ、ゴミ袋と水を用意しますが、キャンプでは必需品ばかりですね。

**水をかけて完全に消火する**

燃え残りがないように、水をかけて完全に消火する。

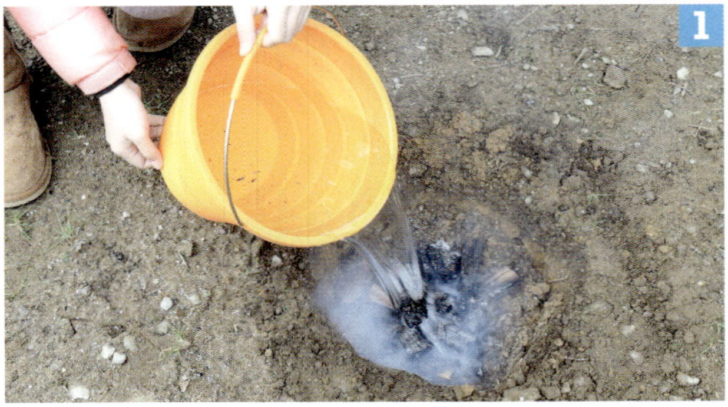


**燃え残りはゴミ袋に集めよう**

キレイに燃やしきるのが理想だが、燃え残りがあるときは、袋に集めて燃えるゴミにする。

**小さな灰だけを残す**

灰には水を浄化する力や土壌回復などの有効成分を多く含んでいるので、土に残しても大丈夫。

↖ 次ページ上段につづく。

焚き火の準備 »P056　着火の手順 »P058　かまどのつくり方 »P063

**掘り起こした土で埋め戻す**

このように埋め戻しができるので、焚き火開始時に掘っておこう。

**足で固めて現状復帰!**

これで完了! キャンプ場に来たときの状態に戻す。現状復帰がキャンパーの基本姿勢だ。

## これも省エネ? 消し炭の再利用方法

一度燃えて残った炭を「消し炭」と呼びます。消し炭は着火がはやくて、とても便利な炭になるのです。無駄を嫌う先人たちの知恵ですから、積極的にまねをしましょう。炭も最近は高価になってきましたからね。

**水に漬けて消火する**

バケツに水をたっぷり汲んで準備し、そこに大きな炭の燃え残りをひとつずつ入れていく。

**水を吸わせて完全消火**

炭から気泡が出なくなるまで水に漬けておく。

はじめは浮かんでいて、水を吸うと沈む。

**冷めたら収納する**

触れる程度まで冷めたことを確認したら、適当な容器に入れて持ち帰る。炭を購入した際の箱も手頃だ。

**天日で乾燥させる**

帰宅後、晴天を利用して乾燥させたら、再利用できる。これが着火用の炭に最適。

**太田流極意**

**何事も後始末を考えてから開始するベシ!!**

# 野外流 食器の後かたづけ

## 拭き取ってから洗うのが 野外流の基本

水源地に近いキャンプ場でも、下水処理が完ぺきなところはありません。できるだけ残飯や生ゴミを流さないことが、環境汚染を最小にする基本です。汚れた鍋やお皿を拭き取ることからはじめましょう。コレだけで洗浄も楽になり、汚染も少なくできるのです。

みんなで使う公共施設

### 炊事棟での食器洗い

炊事棟はキャンプ場を楽しむみんなが利用する施設。思いやりの気持ちを忘れずに、清潔に使いましょう。生ゴミを始末するのは当然のこと。利用後にシンクをきれいにする余裕も欲しいところです。

**洗浄前に拭き取ろう**

残飯や生ゴミはキッチンペーパーを使い、キレイに拭き取ってから洗うようにしよう。

**ゴム手袋がオススメ**

例えお湯の出る炊事棟でも、手袋があるとお手伝いを頼みやすくなるので必携。

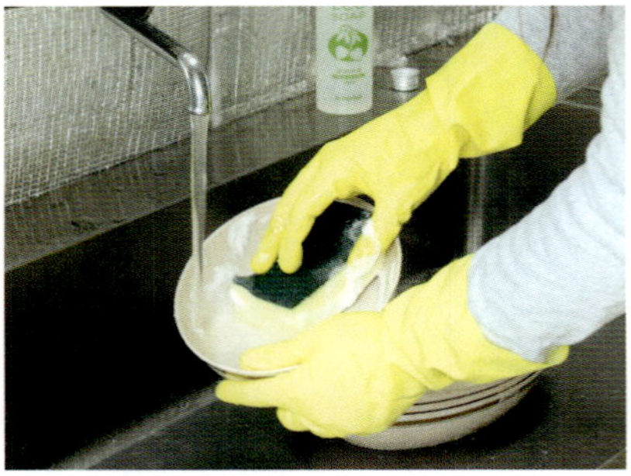

**水を汚染しない洗剤を使う**

使用後に有機分解して、無害になる洗剤が市販されている。キャンプ場で利用しよう。

**環境に優しいキャンプ用洗剤**

市販されている一例。ほかにも無害な洗剤があるので、積極的に利用しよう。

簡単にできる！

## 野外での食器洗い

熱湯とキッチンペーパーで簡単に処理する方法です。使用する水の量が少ないため、場所を選びません。洗剤も使わないので、自分のサイトで処理できてしまうのです。次回使用するときは熱湯をかけて、拭いてから使います。

**1 大きな汚れを拭き取る**

食器に残った残飯や汚れは、キッチンペーパーでキレイに拭き取っておく。

**2 お湯を沸かして準備しよう**

適当な鍋にお湯を沸かす。4人分の食器で、約1ℓ程度が目安。

**3 熱湯を入れてすすぎ洗い**

スプーンやフォークなどを使って、食器の汚れをこすり落とす。

**4 拭ききったら食器洗いは終了**

お湯を替えながら洗浄したら、最後はキレイなお湯を入れ、水気を拭き取って完了。

匠の技に驚き！

## コゲの落とし方

熱した鍋を急激に冷やし、熱膨張の変化を利用してコゲを浮かす「ヒートショック」という方法です。過激なので、アルミ鍋は溶ける場合がありますし、鋳物のダッチオーブンは割れてしまうので、絶対に禁止です。

**頑固なコゲほど試して欲しい**

コゲができてしまった鍋。これでは次に使う気も失せてしまうが……。

**1 煙が出るまで空焼きする**

鍋から煙が出るまで空焼きする。慣れないとちょっと怖いかな～？　ヤケドに注意して。

**2 鍋をイッキに冷やそう！**

熱くなった鍋に水を入れてイッキに冷ます。炊事棟でシンクに水を貯めておいてそこに入れる方法もある。

**3 スクレイパーで汚れをこそぎ落とす**

ヒートショックで浮かせても残る頑固なコゲは、スクレイパー（剥がし専用器）か、ドライバーを使ってこそぎ落とす。

**ダイブキレイになった**

最初の写真と比べてみると、効果がわかる。過激な方法なので、頻繁には行わないように。

# キャンプ場における ゴミ処理

## 家庭と同じくルールを守って 自然に優しく！

家庭ゴミの分別回収が厳しくなっています。資源の有効活用とゴミの削減を両立するための方策ですから、積極的に協力するのは私たちの義務ですね。キャンプ場で出したゴミも同じ。ココは田舎だから大丈夫、なんて安易な考えは禁物！　ルールを守るのが大原則です。

個別のルールに従う

### ゴミの分別

ゴミの分別には、各地方自治体が定めたルールがあります。同じように、キャンプ場にも個々が定めたルールが存在します。受付時に確認して、必ず従いましょう。

**キャンプ場の分別方法に従う！**

ゴミ処理を独自に行うキャンプ場もあり、場所によってそれぞれ分別ルールが定められている。特に可燃ゴミの分類はさまざまなので注意が必要。不燃ゴミも独自のルールに従おう。

## 近くに置いて便利に使う
# ゴミ袋のセッティング方法

ゴミ袋はゴミが出る場所の近くに置きます。もちろん分別も同時にするように、複数の袋を用意しましょう。使いやすい方法を研究して、確実な処理を心がけてください。

STEP UP

### ゴミ専用スタンドもある

ゴミ専用のスタンドも市販されている。仕分けできるフックが付属しているため、分別にも便利。積載スペースとお財布に余裕のある人にはオススメ。

**テーブルにガムテープで留める**
テーブルやキッチン付近が最大のゴミ発生源。ここに複数のゴミ袋を設置しよう。

## アルミ缶限定
# 空き缶のつぶし方

油断するとゴミはドンドン増えてしまいます。ゴミの削減と同時に、小さくして出すのも大事なことです。ゴミは少なくして小さくする努力をしましょう。特に、持ち帰りルールのキャンプ場では重宝します。

1
**両脇を指でつぶす**
缶の幅を半分にするようにつぶす。つぶれるキッカケを作っておくと、キレイにつぶれてくれる。

2
**垂直に足で踏む**
勢いよく踏みつける。トレッキングシューズなど、ソールのしっかりした靴で行うと上手にできる。

3
**かさばる缶もこのとおり**
自慢するほどではないが、写真のようにキレイにつぶれ、ゴミ出しが少し楽になる。

STEP UP

### ガスカートリッジは穴を開けて

カートリッジの残留ガスは微量でも大変危険。必ず全て抜いてからゴミにしよう。ガス抜き専用道具もあるが、缶切りでも穴開けが可能だ。

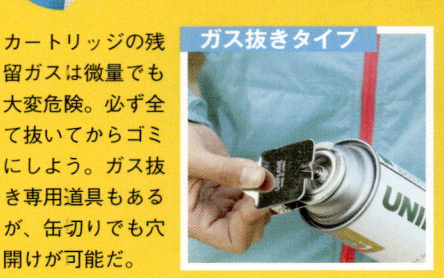

**ガス抜きタイプ**

**穴を開けるタイプ**

**缶を灰皿代わりにしない**
空き缶は大切な資源。このような行為は慎むべきだ。ペットボトルでも同じことがいえる。

# 車に荷物を積み込む

## すぐに使うモノは最後に積むのが基本

クルマがSUVやミニバンなど、大きくなればなるほど、積み込みはいい加減にナリがち。しかし、確実な積み込みは安全運行に欠かせないので、キチンと積む方法を覚えておきましょう。買い出しや道中でも使用することがあるクーラーボックスは、取り出しやすい場所に置くのが基本です。

すき間をつくらない！

### 荷物の積み込み方法

車に積み込むときの3つの注意点を覚えておきましょう。まずは後方視界を確保しながら積み込むこと。次に急ブレーキを掛けても荷物が車内に飛び出さないように積むこと。最後は荷物が互いに擦れて音を立てたり、キズがつかないように注意することです。

**4人分のキャンプ道具を収納する**

ココにあるのが基本のキャンプ道具一式。実際には、これ以上に私物のバッグなどがさらに増える。

**車内を汚さない**

防水シート（ブルーシートなど）を使ってカーゴスペースを覆う。雨キャンプでは特に有効な手段だ。

**平らに積み始める**

硬いモノ、重いモノから積みはじめる。後で重ねて積むので、平らに積む工夫をしよう。

**すき間を埋める**

柔らかいシュラフなどは、緩衝材としてすき間に入れよう。軽い道具は上部に積む。

## ココがポイント
# 上手に積み込むコツ

ココでは積載の注意ポイントをひとつひとつ解説します。上手に積載すると、車の運転も楽になりますから、たかが積載と思わず、ご自分の車とキャンプ道具について考えてほしいと願っています。

**クーラーボックスは後方に置く**

買い出しなどで使用するクーラーボックスは、荷物の手前側、使いやすい位置を確保して収納しよう。

**割れやすいランタンの保護**

ランタンはマントルとホヤが壊れやすく、衝撃は禁物。シュラフやブランケットなどを緩衝材に使おう。

### シートの高さを越えない

積載物がシートバックを越えると、後方視界が不足する。また、ブレーキの反動で荷物が座席に飛び出してくることもあるので注意が必要だ。シートの高さを超えない程度に、荷物を積むようにしよう。

窓ガラス側に硬いモノを置くと破損のおそれがあるし、走行中に「カチャカチャ」音が気になってしまう。

NG

右ハンドルの場合、特に左後方は死角になりがち。一度運転席に座って、バックミラーや視界を確認しよう。

**太田流極意**

上手な積み込みは**安全運転を助ける!**

**シュラフで固定する**

硬い荷物と荷物の間は、シュラフなど軽量で柔らかいモノを挟んでおこう。これで音とズレが解消する。

### STEP UP スペースに無駄をつくらないコツ

効率よく積載するために、必ず一度荷物を車後方に集めてから積む習慣をつけよう。こうすることで積載の順序が決めやすく、無駄のない積載が可能になる。手当たり次第に積んでは、結局やり直すハメになることもある。車への積載も計画的に行おう。

**収納ボックスを活用する**

キッチン用品や小物類などはまとめて収納してから、コンテナボックスに入れて積載する。

# 次のキャンプのための賢い収納・保管術

## 道具への愛着は
## 使わないときこそ表れる!

**日常より厳しい環境に身を置くキャンプ。そこで使う道具たちは、あなたの大切なパートナーです。帰宅後のキャンプ用品の手入れや保管を怠ることは、大切な道具の寿命を縮めることにもつながります。キャンプ用品はキチンと管理して、長く愛用しましょう。**

大切な道具だから

## 保管時の注意点

頻繁に使用するキャンプ用品は簡単です。極端な話ですが、明日張るテントは濡れていてもカビの心配はないのです。使用頻度が低いキャンプ道具こそ、いつまでも愛用するために正しい保管を心がける必要があります。

### その1 高温多湿な場所は避けよう!

高温多湿はキャンプ用品以外でも嫌われるが、高温は特に燃料にとって危険。40℃以下で保管しよう。多湿はカビと錆びを発生させ、思わぬ事態を引き起こすことに。梅雨時と夏期は特に換気に注意しよう。

### その2 長期保管時には燃料を抜き取ろう!

ガソリンを使うバーナーなどは、満タン保管をオススメしたが、長期間(3カ月以上)使用しない場合は燃料を抜き、乾燥密封保管する。これは燃料変質が原因のトラブルを回避するため。電池の場合は抜いて保管しよう。

### その3 「コンパクトに収納」が基本!

かさばる道具が多いキャンプ用品。収納場所を効率よく利用するためには、小さくまとめておくことが大事です。モノはできるだけ重ねて、クーラーボックスなどの中にも収納するように考えよう。

STEP UP

### 耐久性を考えて保管しよう

賢く収納・保管するためには、撤収時から気を使っておく必要がある。ここでは、道具を傷めず長期間使用できる状態にするためのコツを、テント(タープ)と食器について触れておく。

◀生地の傷みはたたみ目から起こる。ときどきたたみ方を変えれば、傷みは軽減する。

▶湿ったままではカビが生える。食器洗浄後によく乾燥させよう。

ライフスタイル別

# どこに収納するか

収納場所の確保はキャンプを楽しむうえで、かなり重要なポイントです。キャンプ道具の収納に困り、キャンプをやめた友人もいたほどです。生活環境によって選択肢は限られますが、各自の収納場所を最善な環境にする努力が必要です。

いつでも出かけられる手軽さ!

## 車中

大型のSUVやワゴン車に多く見られる収納場所。ただ、夏場には車内温度が異常に上がるので、燃料の保管は危険。燃料の保管は絶対に避けよう。それ以外の道具を積んでおけば、いつでもズグにキャンプへ出かけられて便利。

**○ メリット**

思い立ったらズグに出かけられること。乾燥に気を使わないで済むこと。新たな保管場所を確保する必要がない。

**× デメリット**

車の燃費が悪くなる。また、重量のあるキャンプ用品の長期保管は、車と道具の耐久性に悪影響が出る。

身近に置いて管理しやすい

## 押し入れ・クローゼット

キャンプ用品を部屋で保管すれば、メンテがしやすくなり、さらにメンテ自体を楽しむにも最高の保管場所といえる。しかし、妻帯者には家族の同意を得るのが難しく、独身者向けの収納場所といえるだろう。

**○ メリット**

いつでも取り出し、維持点検、手入れができること。道具愛好家には最適な保管場所だ。

**× デメリット**

湿度が高く、乾燥に気を使う場合もある。また、キャンプ用品の積み込みと収納が面倒な場合もある。

近くにあれば意外に便利

## レンタルボックス

鉄道貨物のコンテナなどを再利用している。セキュリティーは高く、ホコリの侵入が少ないので保管には適している。ただし、温度と湿度の管理は不十分なので、燃料保管は禁物。自宅から近距離であれば、便利に活用できる保管場所になる。

**○ メリット**

カギがあるので安心して保管できる。予算に応じてスペースを借りることも可能。24時間いつでも利用できる。

**× デメリット**

毎月利用料がかかること。湿度と温度の管理は不十分なので、ときどき陰干しなどの管理をする必要がある。

設置場所が大事

## 倉庫・物置

最も安定して保管できる場所が倉庫や物置。適度な空気循環が湿気を抑え、カビや錆びの発生も最小にしてくれる。また、設置場所を選べば車への積み込みや帰宅後の収納も、簡単に済ませることが可能になる。

**○ メリット**

積み込みや収納が手軽にできる。汚れたキャンプ用品の収納も、まわりを気にしないで済むこと。

**× デメリット**

ホコリがかかることがあり、清潔に保ちづらい。設置にはスペースが必要であり、土地に余裕がないと不可能。

# テント&タープのメンテナンス



## 雨水の侵入からフライシートの穴までよくあるトラブルを解決！

すべてが新品のキャンプ道具なら心配は少ないのですが、長年に渡って使用すると、道具は必ず疲労して思わぬトラブルを起こしてしまいます。メンテナンス方法は知っていれば安心、無駄な出費も防げますから、本書と同時に頭の片隅に置いてください。

**準備するもの**

**❶潤滑剤**
滑りが悪い箇所に使用する。シリコンスプレーが有効だ。

**❷防水剤**
効果の持続性は低いが、即効性と手軽さが魅力。テント用でなくても可。

**❸リペアシート**
テントやタープなどの亀裂を補修する際に使用。素材は各種ある。

**❹シームシーラー**
縫い目や紬ぎ目に使用するジェル状の漏れ止め。テープと併用で強力。

**❺裁縫セット**
ホツレは縫って補修する。強い糸と針が必要になる。

**❻シーリングテープ**
縫い目の防水に使用するテープ。雨具の補修にも活用できる。

原因を知ってから処置を！

## トラブル別メンテナンス方法

扱い方が悪くて起こるトラブルと、材質の寿命や経年変化によって起こる問題を見極める必要があります。最近のキャンプ道具は優秀で、長寿命だと思いますが、知っていて損のない知識と方法です。

### その1 縫い目から雨水が浸入する

**シームシーラーを塗布する**
水の浸入が一番多く発生するのが縫い目。ジェル状の漏れ止めを染み込ませるように塗布しよう。

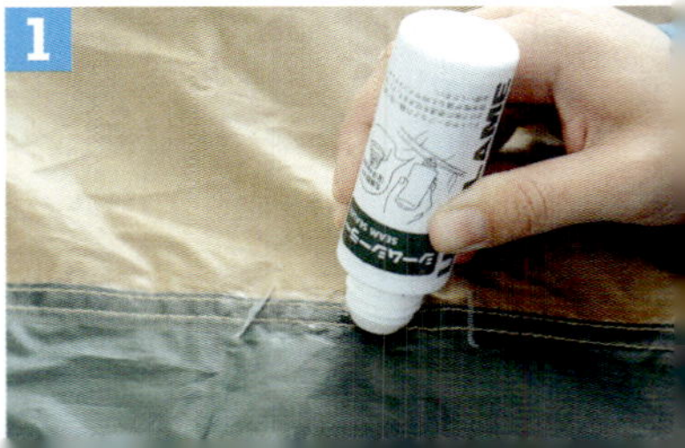


**シーリングテープを貼る**
シームシーラーがある程度乾燥したら、縫い目にテープを貼ってさらに強度を高める。

**アイロンで押さえる**
あて布をして低温のアイロンで押さえると確実。鍋にお湯を入れてアイロン代わりにしても可。

### その2 雨水が染み込む

**スプレー噴霧で簡単に防水！**
防水スプレーは生地の外側に噴霧する。手軽だが、防水効果と持続性はそれなりだ。

## その5 フライシートやタープに穴が空いた

### 丈夫な素材も熱には弱い

刃物より、たばこや飛び火で空く穴が多い。トホホですね～。

1

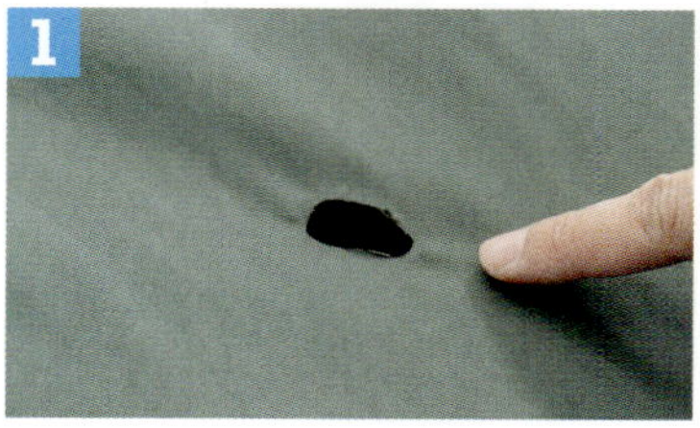

2

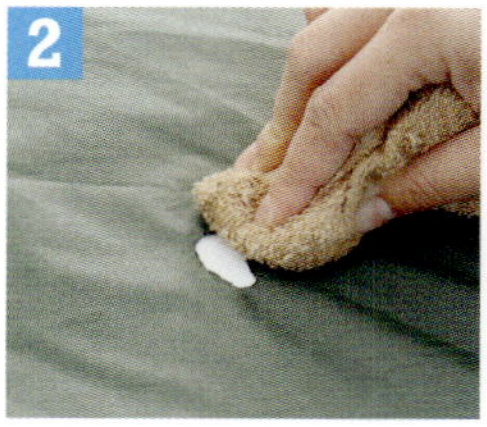

**油分を取り除く**

中性洗剤を薄めて拭いたあと、水で完全に拭き取って油分を除去する。

3

**リペアシートをカット**

穴より大きめにリペアシートをカット。色と材質を合わせて購入する。

4

**貼りつける**

シートの裏紙をはがし、穴に合わせて空気を入れないように表側に貼る。

5

**熱を加えて圧着**

リペアシートにあて布をしたら、鍋に熱湯を入れて押さえて貼る。

### 完了！

表から見た状態。目立たないようにできた。放置するより断然いいのは当然だ。

6

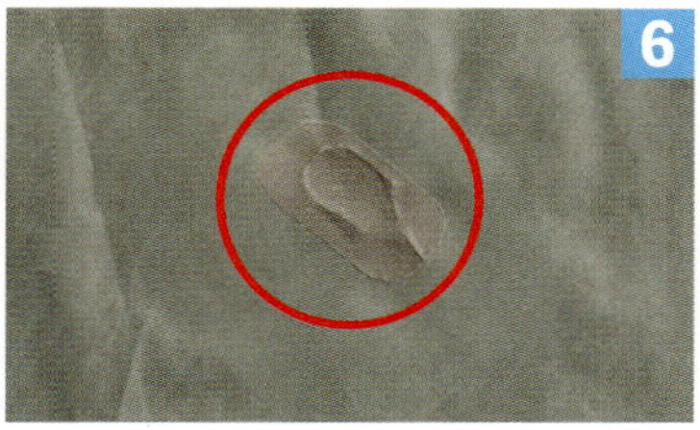

## その3 ファスナーの滑りが悪い

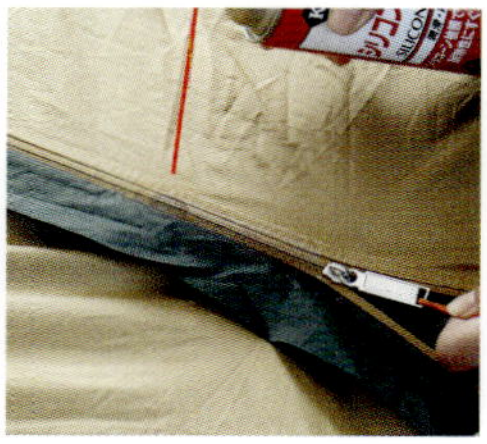

**潤滑スプレーを吹く**

必ずノズルをつけて使用する。シリコンスプレーが数社から市販されている。

## その4 縫い目がほつれた

1

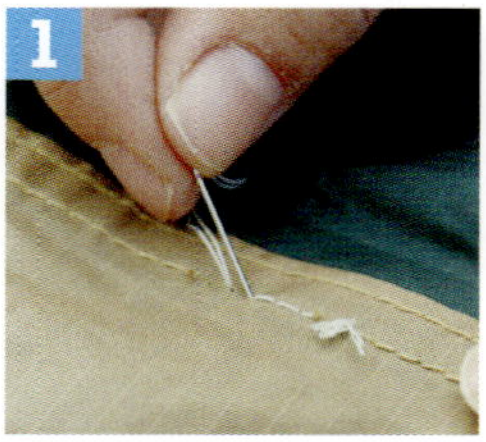

**針と糸で補修する**

まずはホツレた部分を補修。ホツレが広がらないようにシッカリ縫う。

2

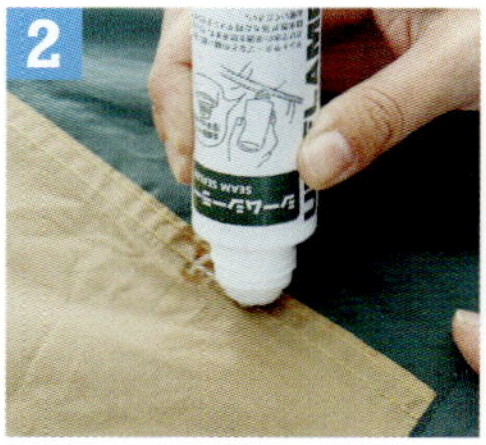

**防水処理をする**

針を通した場所には、シームシーラーで防水処理を！乾燥させて終了だ。

快適に使用するために

# ポールとペグのメンテナンス方法

購入時に付属するペグは強度不足のモノが多く、取り扱いの際は「優しく」が肝心。また、ポールは連結部の破損が多く起こります。特に設営時の組み立てが甘いと、トラブルの原因になります。

### ●ポール●

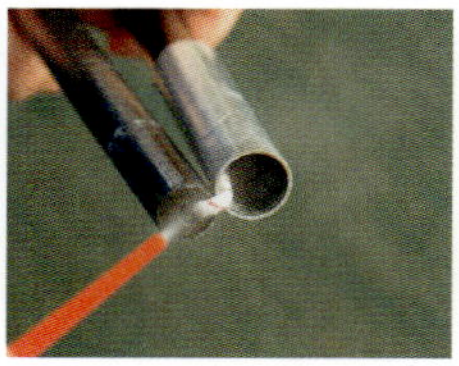

**潤滑油の塗布**

連結部には潤滑油を塗布する。地味な作業でも重要だ。

**詰まりを落とす**

ポールエンドに詰まる土は、キチンと落としておこう。

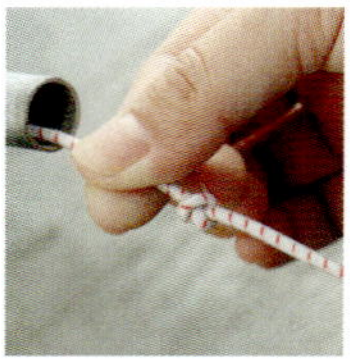

**緩さを感じたら**

ショックコードに緩さを感じたら、短い位置に結び目をつくることで、とりあえず対処できる。

### ●ペグ●

**ペグの清掃**

ペグのドロはペグで落とすと簡単。次回、気持ちよく使用できる。

**乾燥させて収納**

洗った場合は、確実に乾燥させてから収納する。拭き取りも重要。

**曲がりの修復**

曲がりやすいアルミペグなどは、ハンマーで簡単に修復できる。

# ツーバーナー&ランタンのメンテナンス

## 正しいメンテで炎や明かりを安定させる

分解整備は不調時にだけ行うことが、メンテナンスのポイントです。むやみに分解を繰り返すのは、調子を悪くする原因だと覚えましょう。ランタンもバーナーも、不調原因の多くはジェネレーターの詰まりとポンプのへタリです。交換部品を用意してからはじめることも忘れずに。

日常メンテは清掃がメイン

### ツーバーナーのメンテナンス方法

基本的に清潔に使用することがポイント！　錆びや汚れが不調を招くと考えましょう。燃料タンクの満タン保管も、錆び対策には有効です。またポンプのパッキン交換は、ランタンと共通する作業です。応用してください。

**準備するもの**

❶ワイヤーブラシ
金ダワシでも代用可。

❷プラスドライバー
ツールナイフでも大丈夫。

❸ウエス（布）
ぞうきんでも構わない。

※その他「純正のスパナ」「ポンプのパッキン」「ポンプオイル」「ジェネレーター」があると便利。

### その1 汚れ落とし

**ゴトクの掃除**
鍋を載せる台を外して、金ダワシなどでこびりついた汚れを掃除。

**内部の清掃**
吹きこぼれは、放置すると錆びの原因になる。掃除しよう。

### その2 ジェネレーター

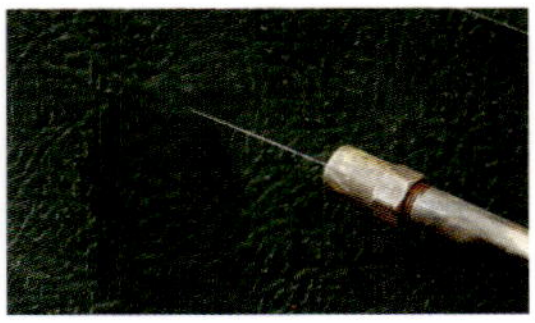

**噴出量の確認**
換気に気をつけ、火気のない場所でバルブを開いて確認。安定して出れば大丈夫。

**ATTENTION!**

**ジェネレーターの交換**
ツーバーナーのジェネレーターは構造が複雑。不調の場合は交換を専門店に依頼したほうが無難だ。

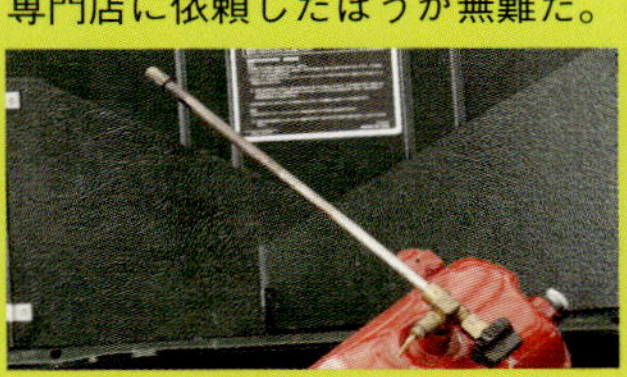

## ATTENTION!

### パーツの順番に注意しよう！

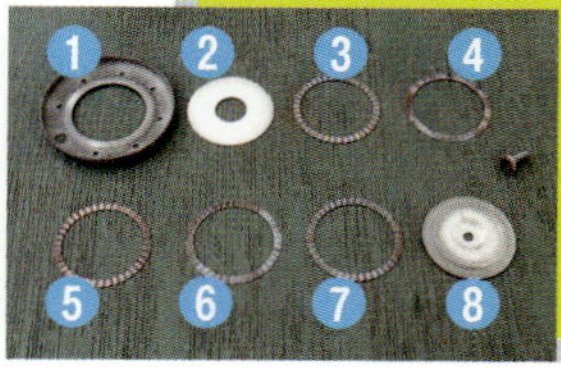


バーナーを分解した場合は、部品を重ねる順番を覚えておこう！　間違えると機能しなくなる。

**ブラシで錆びを落とす**

取り外し、歯ブラシなどで錆びを落とす。必ず原因が見つかる。

### その3 バーナーの清掃

**キレイに炎が出ない**

バーナーの錆びが原因。プラスドライバーで中央の押さえネジを外す。

安定した明かりが持続する

# ランタンのメンテナンス方法

ランタンの明るさが安定しなくなったら、ジェネレーターの目詰まりが考えられます。基本的には交換が必要です。また、パッキンを保守する注油は、日常的に行う必要があるので注意してください（ツーバーナーも共通です）。

**パッキンの交換**

先端にあるパッキンを交換する。押さえクリップをなくさないように！

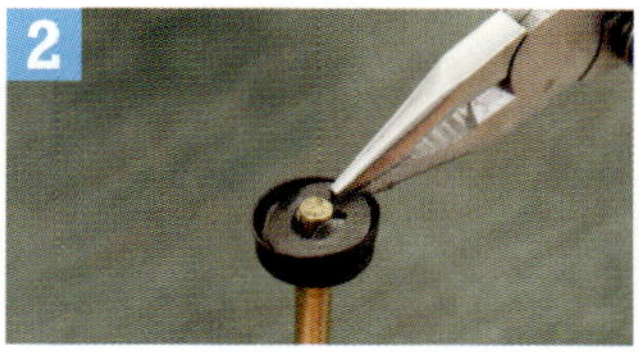


**装着して注油**

取り外しと逆の手順で取り付けたら、穴から専用オイルを注いで完了。

### その2 ポンプ

**ポンプの取り外し**

ロックを解除して静かに引き抜く。オイルがこぼれる場合もある。

**準備するもの**

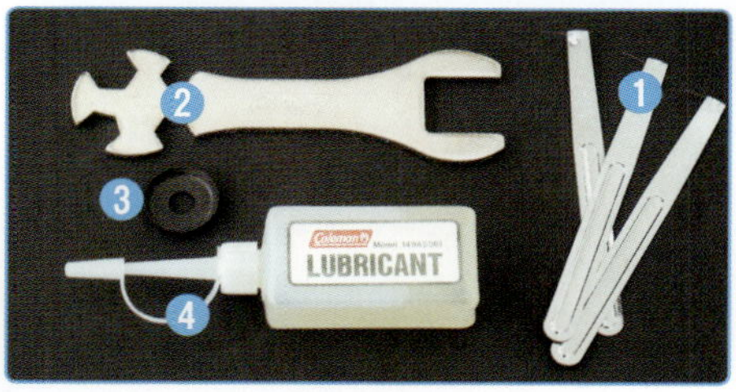


**❶ガスランタン用掃除針**

チップを掃除する細い針。

**❷純正スパナ**

小型スパナでも代用できる。

**❸ポンプのパッキン**

ゴム製と皮製がある。

**❹ポンプオイル**

ポンプオイルが枯れると、機能しない構造。

### ガスカートリッジ式ランタンの場合

ガスカートリッジ式ランタンのチップは非常に小さな部品。価格も比較的安価なので、定期的に交換すると、いつも快調に使用できる。交換はホヤを外し、マントルも外してから開始する。専用の針を準備して開始しよう。

ジェネレーター内部を分解したパーツ。

**軽度の詰まりを回復**

ジェネレーターの軽度の詰まりは、パーツクリーナーを吹けば回復する場合もある。

### その1 ジェネレーター

**まずはホヤを取り外そう**

ホヤを外してから、タンクの上にあるネジを緩めると、ジェネレーターが取り外せる。新品に交換しよう。

# ECOなキャンプをしよう

キャンプがエコなのか？ エコに反する行為なのか？ は議論のあるところだが、キャンプで使う燃料消費には注意したい。燃料は燃やせば消えて無くなり、二酸化炭素を排出するから、小さな火力を効率よく使うことを心がけよう。無駄に沢山のお湯を沸かすことを慎しみ、料理の材料を小さく切れば火の通りも早くなるので、省エネにつながる。当然、短時間調理になるから、腹ペコキャンプには最適だ。

大昔のネイティブアメリカンはいった「白人は一杯のコーヒーをいれるのにも、薪を沢山使った大きな焚き火でお湯を沸かす」「大きな焚き火は熱くて近づけないから寒い。小さな焚き火はそばに寄れるので暖かい」一度でも焚き火を経験すれば納得の名言だ。どうやら小さな火力を上手に使うキャンプは、今に始まったことではないらしい。全ての燃料と環境に感謝しながら大切に使い、いつまでもキャンプを楽しもう。

PART 5

# 衣・食・住の道具を選ぼう!

自分たちが思い描くキャンプスタイルによって、選ぶ道具は変わってきます。例えば初心者の人が、まずはデイキャンプからはじめてみようというのなら、テントやシュラフといった就寝道具はいりません。ここでは買い揃える前に、まずはどんな道具があって、そのなかにはどのような種類と特徴があるのかを見ていきましょう。

# 春夏キャンプの基本レイヤード

## 天候や環境の変化に合わせてウエアを組み合わせる

昼夜の気温差が大きい春と秋は、重ね着を基本に考えましょう。厚手の上着やパンツを着用すると、気温の変化に細かく対応することが難しくなってしまいます。朝昼夕、そして夜間と、大きな気温変化にすぐ対応するには、薄手のウエアを重ね着していくのが基本です。

動きやすさを優先する

### 基本レイヤード術

上はロングTシャツ、下はトレッキングパンツが春秋キャンプの基本ウエア。また、キャンプ場でジーンズを着用している人を多く見かけますが、動きやすさや保温力、撥水性などでは新素材にかないませんよ。

プラス

**ロングTシャツをベースに考える**

長袖Tシャツはとても便利。少し気温が上がれば袖を簡単にまくることも可能。重ね着をしてもゴワゴワしないので快適に過ごせる。

**パンツは機能優先で選択**

素材はコットンから伸縮性のあるモノまで、さまざまなパンツが販売されている。サイズに少し余裕があり、歩いたり屈んだりしやすい素材とデザインのパンツを選ぼう。

寒さ対策と暑さ対策を考える »P148

## 気温低下に対応する
# 応用レイヤード術

ロングTシャツを着て過ごす日中と違い、朝夕や夜間は気温がグッと下がるのがキャンプ場。寒いと感じる前に、重ね着をして体温を保持すれば、疲労の軽減につながります。

### 朝・夕

基本 + プラス

**フリースを重ねて着る**

朝夕の気温低下にはフリースの重ね着で対応する。袖口や襟元が締められたり、袖口に指を通して手の甲を暖められるサムホール仕様などを選びたい。

### 夜

基本 + プラス

**ジャケットを重ねる**

夜間はジャケットを着用する。ジャケットも袖口と襟元が締められ、ハンドウォーマーを装備しているモノが本格的。



## 2足が基本!
# シューズの選び方

キャンプ場では、歩きやすい靴とリラックスできる靴の2足を用意しましょう。その際は、トレッキングシューズを履いていき、スポーツサンダルを持参するのがベストです。

**トレッキングシューズ**

凹凸道を歩くように設計されているトレッキングシューズは、キャンプに最適な1足だ。先端からキチンとひもを締めて歩こう。

**スポーツサンダル**

川岸や湖畔、海岸のキャンプ場では必需品。開放感にも優れるサンダルは、テントへの出入りもラクにしてくれる常備したい1足だ。

## 雨は必ずやってくる
# レインウエアは必需品

雨が降ったらレインウエアを着用して対応します。体を濡らすことを極力避けるのは、アウトドアの基本。体が濡れて冷えると、体温の回復に時間がかかり疲労します。

**価格差は機能差!!**

安価なレインウエアからゴアテックス素材の高価なモノまで、種類は豊富に揃っている。価格差は機能差と着心地の違いに表れる。高価なレインウエアは普段着として着用できて便利だ。

**STEP UP**

**保温力を知る重ね着の極意**

木綿のTシャツ1枚で、約2℃の保温力がある。素材が変化すればその保温力は向上する。さらに、服と服の間に空気の層をつくることが、重ね着保温のカギだ。

# 暑さ寒さに負けない夏と冬のウエア術

## 季節に合った着こなし術で 体温管理もバッチリ

自然を相手にするキャンプでは、普段の生活以上に体温管理に気をつけたい。体温管理ができるかどうかが、オートキャンプ上達への道でもあるのです。さらに、急激な体温変化は疲労に直結します。これから紹介する着こなし術で対応してみてください。

日差しを防ぐ

### 夏の基本ウエア

夏キャンプでは体温の上昇に注意してウエアを選択します。異常な体温上昇は、熱中症などの深刻な事態を引き起こす可能性があります。また水分補給も怠らないように注意してください。

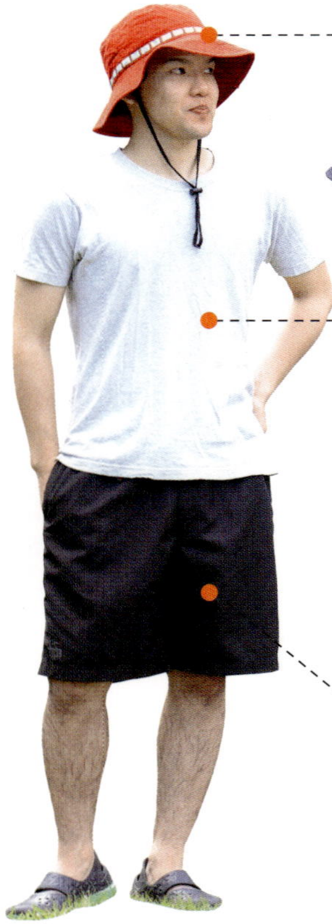

POINT 1

**日差しから頭部を守る帽子**

夏キャンプでは必ず帽子を着用する。通気性のある素材を採用した、ひさしの広いキャップやハットを選択しよう。

POINT 2

**新素材を活用したシャツ**

Tシャツは木綿より速乾性に優れた新素材のTシャツがオススメ。このシャツを着れば、裸でいるより涼しいという優れもの。濡れてもスグに乾くのが利点だ。

POINT 3

**ハーフパンツを着用する**

蚊が出る夕方を除いて、暑い日中はハーフパンツを着用。膝上には足の温度センサーがあり、通気が良いと涼しく感じて、快適に過ごすことができる。

 ≫P148

# 気温低下に対応する
# 応用レイヤード術

寒い時期のキャンプでは保温性ばかりに目を向けがちですが、これは間違い。温度が過剰に上がると必ず発汗します。発汗が放置されると体温の低下を招き、風邪を引いたりします。保温と発汗のバランスに注意しましょう。

1 POINT

### ニット帽子が基本

冬は保温を考えてニット素材の帽子の着用がオススメ。ニットには適度な通気性もあり、アウトドアでも優れた素材だ。

2 POINT

### ダウンジャケットで温度変化に対応する

アウターはやはりダウンが最高。気温の変化に素材自らが対応する能力はダウンならでは。もちろん通気性もいい。

3 POINT

### 手袋着用は大事

手足の先は最も冷えやすい。充分保温に気をつけよう。またジャケットのポケットにあるハンドウオーマーも活用したい。

4 POINT

### ポイントはアンダーウェア

下着は冬のウエアの中で最も大事。必ず新素材の下着を着用しよう。保温と発汗という相反する条件を克服しているのは新素材だけだ。

# 覚えて活用しよう
# 寒さに負けないコツ

寒い時期の体温管理は、発汗に対応できてスグに乾く下着の役目。次いで保温性が高く通気性のあるアウター。最後は風を通さないジャケットという組み合わせが基本です。気温と季節に応じて素材の持ち味を活用しましょう。

### その1 インナーは素材で決まる

アンダーウエアにも保温力に優れた素材はあるが、保温と発汗・乾燥という相反する機能を持つのは新素材だけ。行動して汗もかくキャンプでは、絶対的効果をもたらす。

### その2 迷ったならもう一枚！

ウエアの選択には経験が必要。どうしようかと迷ったら、一枚多く着ておこう。暑くなれば脱げばいいだけ。体が冷えて風邪を引いてからでは遅いのだ。

### その3 冷えるポイントは背中・肩・ひざ！

人間の体には数カ所の温度センサーがある。両肩と背中の肩甲骨の間、膝の上、ここを重点的に暖めておけば快適に過ごせる。冷たくなる前に暖めておこう。

STEP UP

### これでほっかほか！使い捨てカイロを貼る場所を知る

カイロは冬キャンプで活躍する保温具のひとつ。上手に貼って活用しよう。ポイントは5カ所。肩甲骨の間、腰、下腹部、両膝上に貼ると、人体は暖かく感じるようにできている。

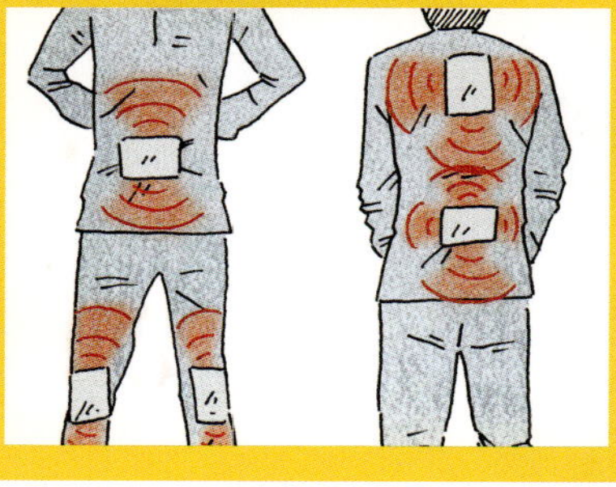

# これだけは用意したい「住」に必要な道具

## 16のアイテムを揃えてオートキャンプを充実させよう！

ここではテントやタープなど、「住」にまつわるアイテムを解説します。必ずしもココに記載した道具だけで快適に過ごせるワケではありません。また、あなたのキャンプスタイルによっては不要な道具もあると思います。本当に必要な道具を決めるのはあなたです。

### ベース基地をつくるため 揃えておきたい「住」の道具

快適に寝て起きることができなければ、キャンプは楽しめません。同時に快適なリビング空間をつくる必要もあるのです。長期間使うキャンプ用品の購入は、慎重に選びましょう。

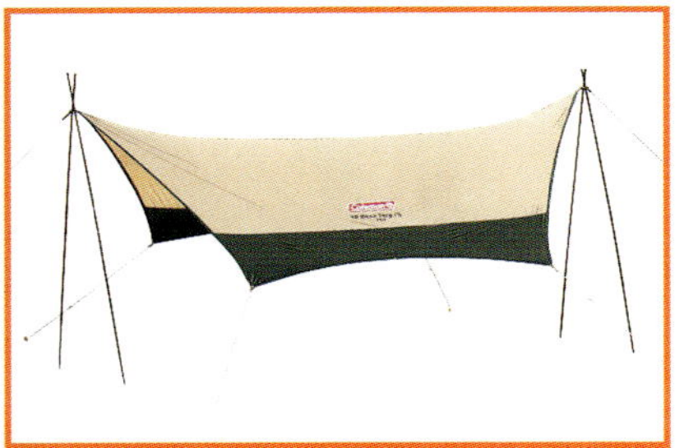

**タープ**

日陰をつくり、小雨ならしのげる強度も備えている。写真は設営が簡単なヘキサタープ。スクエアで居住性の高いタイプもある。

**テント**

軽量でコンパクトに収納できるドームテントが人気。設営も簡単で、慣れると5分ほどで完了できる。耐候性の高いテントを選ぼう。

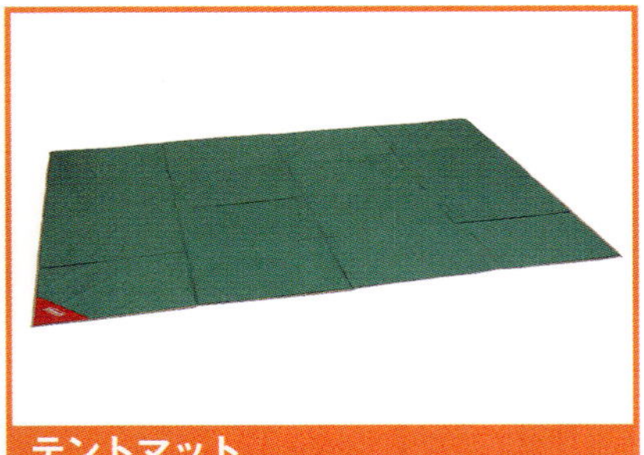

**テントマット**

テントの中に敷くマット。保温性とクッション性を重視してつくられている。写真は専用マットだが、同機能の銀マットなどでも代用可。

**グランドシート**

テントの下、地面とテントの間に敷くシート。安価なブルーシートでも代用可能だが、サイズをキチンと合わせる必要がある。

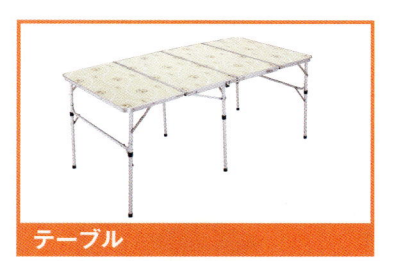

**テーブル**

フォールディングタイプと呼ばれる折りたたみ式と、ロールタイプという巻き取り式の2つがある。購入時は耐荷重をチェック。

**ランタン**

写真はガソリンを燃料に使う。強力なランタンだが扱いは少し面倒。ほかにもガスカートリッジ式や電池式があり、複数使用すると便利。

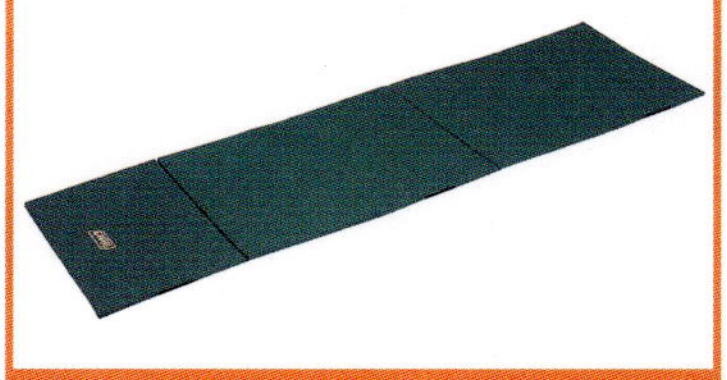

**パーソナルマット**

個人マットで、いわばシングルベッド。写真はウレタン製で滑りにくいタイプ。空気を入れて膨らませるタイプなどもある。

**チェア**

いろいろなタイプがある。収納方法の違いが座り心地の違いに直結しているから、必ず座って確認してから購入しよう。

**ヘッドランプ**

多機能化が進み、普及しているLEDはタマ切れの心配がなく電池寿命も長いので、ヘッドランプには最適。懐中電灯でも代用可。

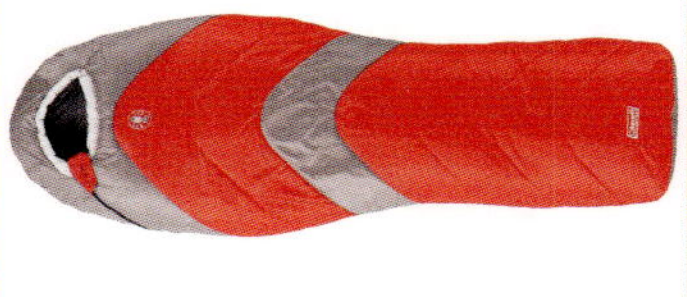

**シュラフ(寝袋)**

写真のタイプはマミー型。適応気温も各シーズンごとに揃っている。封筒型と呼ばれるファミリーキャンプに適したモノも。

## 快適空間を演出する
# できれば揃えたい「住」の道具

**ココに挙げるキャンプ用品は、「できれば揃えたい」とありますが、あればぜひとも持参してほしいものばかりです。道具の数だけより快適になるものですが、車載スペースと相談しながら購入しましょう。**

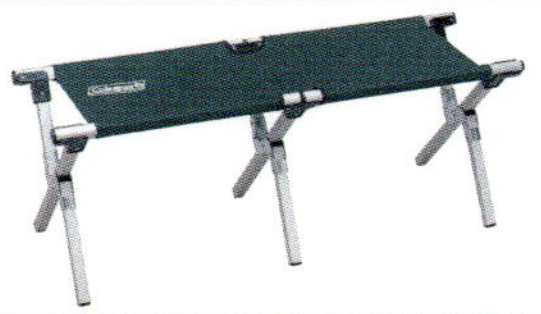

**ベンチ**

道具を持っていない友人を呼んだときに便利。また、クーラボックスやコンテナボックスなどの置き場所にもなる。

**携帯ラジオ**

最近は高性能なラジオが少なくなっているようだが、即時性のある情報を提供してくれるラジオは欠かせない。

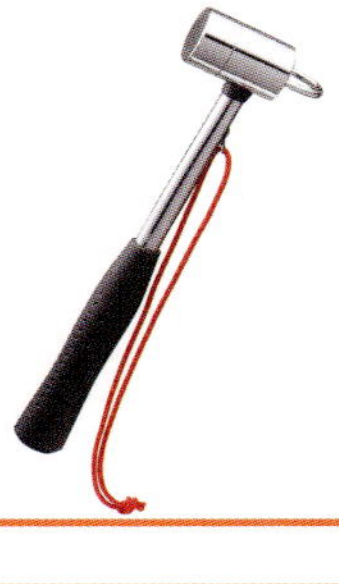

**ハンマー**

タープやテントに付属のハンマーが付いているが、より強力なスチール製ハンマーを持っていくと、ペグダウンが楽になる。

**すのこ**

テントの出入り口付近に置く。小上がりとして使用すると、テント内に持ち込まれる汚れが激減する。安価だが便利な小物だ。

**コンテナボックス**

折りたたみ式で、使用しないときはコンパクトに収納できる。キッチン関係など、こまごました道具の収納には欠かせない。

**サイドテーブル**

キャンプでの調理は、往々にして調理器具や食材、カトラリーを置く場所に困るもの。サイトの整理にも役立つ。

# テントの種類と各部の名称

## 快適に過ごす オートキャンプのベース基地

キャンピングカーを利用しないキャンプの場合、テントがキャンプサイトの中心的存在です。使い込んでいくうちに、住み慣れた我が家のような愛着すらわいてくるのも面白いところです。厳しい気象条件のキャンプでは、テントに入った瞬間の安堵感が忘れられません。

短期型と定住型

### テントの種類と特徴

ここでは2つのタイプのテントを紹介します。1つは主流のドームテント。軽量で設営や撤収が簡単。もう1つはツールームテント。設営は少し手間ですが、土間と寝室の2間があり便利。

#### ドームテント

**慣れれば5分で設営も可能です**

基本的には少ないポールでインナーテントが自立する。その上にフライシートと呼ぶアウターテントをかけて完成。荷物を収納できる前室はあるが、大部分は寝室として機能する設計。簡単に移動できるので短期間のキャンプに向いたテントだ。

#### ツールームテント

**多機能で広い前室が魅力**

やや複雑なポールを組み立てて、寝室になるインナーテントを吊り下げる。さらにフライシートをかけて、ペグとロープで完成。設営撤収に時間がかかる、長期滞在型のテントだ。広い前室はスクリーンテントとして機能するので、タープは不要になる。

覚えれば便利！

# 各部の名称と特徴

ここではテントをより理解してもらうために、各部の名称を紹介します。複数人で設営する大型テントでは、初心者に指示を出すこともあるでしょう。設営や撤収時に必ず役に立つハズです。覚えておきましょう。

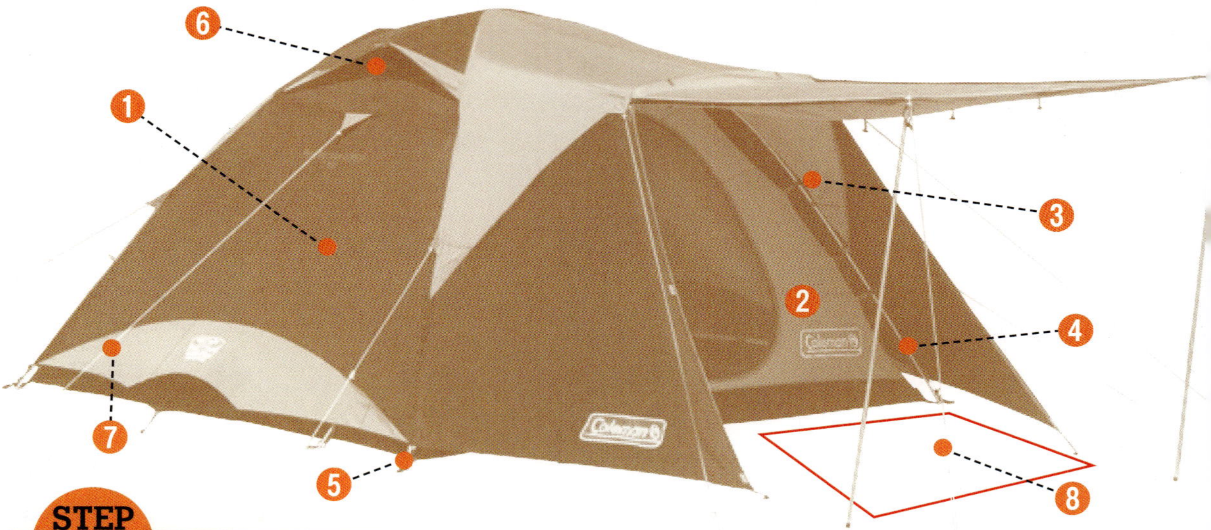




STEP UP

**自在フックの使い方を覚えよう！**

テントに付属している張り綱には、ロープの長さを調節できるフックが装備されている。コレを自在フックと呼び、ロープがピンと張った状態で固定してくれる働きをする。ロープの端がとめてあるほうを起こしてから、長さを調整しよう。

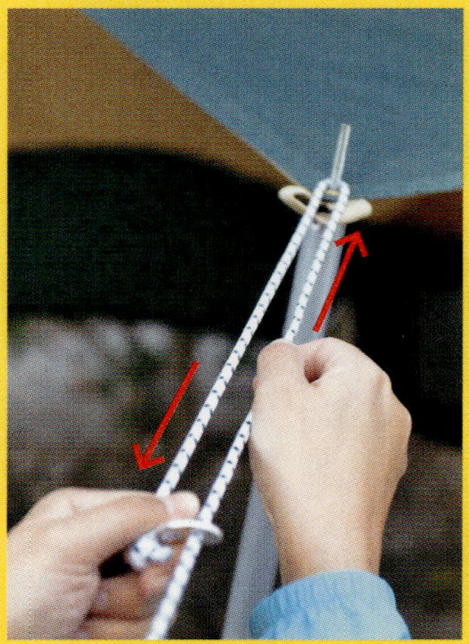

## 5 留め具

**テントの固定に欠かせない**

インナーテントのグランドシートの付近についている。ポールを刺したりペグやフライシートの固定にと多機能。

## 6 ベンチレーション

**一応換気口ですが…**

このベンチレーションはフライシートについている。インナーテント内部の換気が目的ではないので注意すること。

## 7 張り綱

**テントの強度を上げるために使用**

写真はフライシートを留めるために使用している張り綱だが、他にも強風時にテントを補強する役目もある。

## 8 前室

**テント前の土間空間です**

テントの出入りに際して、靴を脱いだり履いたりする。濡れては困る荷物も置けるスペースだ。

## 1 フライシート

**雨風を防ぐアウターテントの総称**

テントの外観を決めるのはこのフライシート。テントの強度を補強する働きもある。たるみなく張ろう。

## 2 インナーテント

**テント本体がコレです**

この部分が寝室になり、地面と接地する。ポールに掛けて自立させる。

## 3 フック

**インナーテントに付属しています**

インナーテントをポールに掛けて自立させるために使う。これで室内に空間ができる。

## 4 ポール

**テントの骨組みです**

テントを設営するために使用する、アルミ製やグラスファイバー製の棒をポールと呼ぶ。長さや太さに違いがある。

# タープの種類と各部の名称

## 家族や仲間たちがくつろぐための
## リビングスペース

簡単な屋根でも安心感を生むタープ。本来の目的は日陰をつくるためです。小雨程度なら防げますが、基本的に雨よけが目的ではないことを認識して使いましょう。大型のタープは風の抵抗も大きくなり、強風などの悪天候時には、撤収する勇気と工夫をする知恵も必要になります。

居住空間に差がある

### タープの種類と特徴

タープには、ここに挙げた5つのタイプがあります。いずれも日陰をつくり、快適な野外リビングを演出してくれるのですが、居住空間と設営方法にはそれぞれ特徴があります。



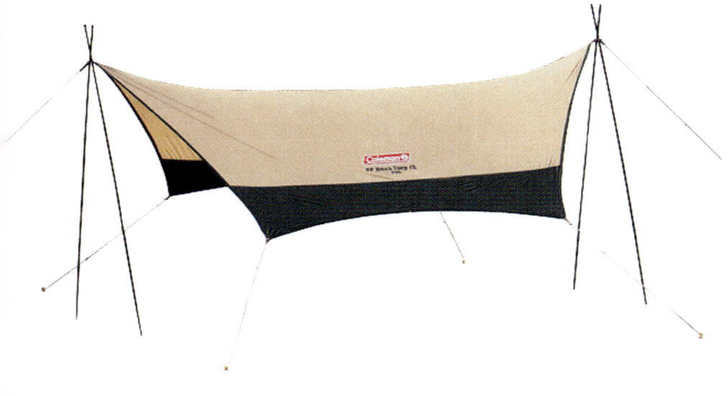

#### ヘキサタープ

**人気の高い**
**ポピュラーなタープ**

4人までのキャンプに対応できるタープ。基本的にはポール2本しか使用せず、設営も簡単。雨がたまる心配もなく、扱いやすさと居住空間のバランスに優れている。ポールを追加すれば一気に居住空間を広げることも可能だ。

#### ウイングタープ

**コンパクトな収納が**
**大きな特徴です**

ヘキサタープと同じく2本のポールで設営する。小さな四角いタープを地面に引くので、生まれる空間は狭く、2人のキャンプが限度。設営撤収が非常に簡単で、バイクキャンプにも愛用者がいるほど収納もコンパクト。

タープを自由自在に使いこなす »P032　タープのしまい方 »P090

STEP UP

## タープの種類によって違うリビングスペースの広さ

タープは形状により開放感や機能に違いがある。広く開放的な空間が好みなら、レクタングラータープ。密閉空間と虫よけを望むならスクリーンタープ。適度な空間と手軽な設営を求めるのならヘキサタープがオススメ。

### スクリーンタープ

**大きな居住空間が魅力です**

スクリーンテントとも呼ばれている。メッシュで前面を覆うことが可能。この機能は虫よけとしても強力で、サマーキャンプには特に重宝するタープだ。設営は複雑で収納も大きく重いのが残念。

### カーサイドタープ

**大きな居住空間が魅力です**

車のルーフと地面を連結する。空間はそれなりに狭いが、車内も利用できるので都合がいい。また完全に自立するタープもあり設営は簡単だが、高価格と車の移動ができないのが難点。

### レクタングラータープ

**大きな居住空間が魅力です**

6～8本のポールで設営する大型タープ。設営には少し手間取るが、開放感のある空間は魅力的。ただ風に弱く、また雨がたまるため、小雨でも張り方には工夫が必要。

覚えておこう！

## 各部の名称と特徴

パーツは少ないながらも、各部の名称はテントと共通する部分も多くあるタープ。それなりの特徴もありますから、覚えておくと便利です。

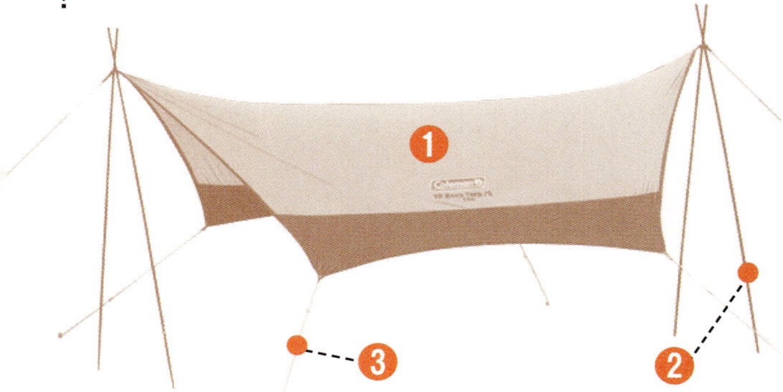


### 1 ルーフ

**日よけをつくる生地のこと**

タープの生地はテント生地より厚手のモノを使用している。丈夫だが、使用中に伸びることもある。

### 2 ポール

**生地を支える柱**

ヘキサタープは2本なので長さは同じだが、レクタングラータープは6～8本使用するので長さに違いがある。

### 3 張り綱

**ダブルとシングルがある**

ポールを立てる張り綱は2本をまとめたダブルロープを使用するが、地面に引くのは、それぞれ1本のシングルロープだ。

# シュラフ&マットの種類と特徴

## シュラフ&マットの組み合わせ術で ベッドよりも心地よく!

快適な睡眠を得るために、シュラフとマットは切り離せない関係です。テントを家だと仮定すれば、シュラフとマットは個人のベットに相当する存在なのです。1日の約3分の1は睡眠時間ですから、よく理解して熟睡できる環境を整えましょう。

### 目的別に考える シュラフ&マットの種類と特徴

軽量でコンパクトな山岳向きから、オートキャンプ用の快適性重視のものまで、バリエーションは豊富。また、シュラフには使用に適した温度設定があるので、購入時には自分の使用条件に合ったモノを購入しよう。

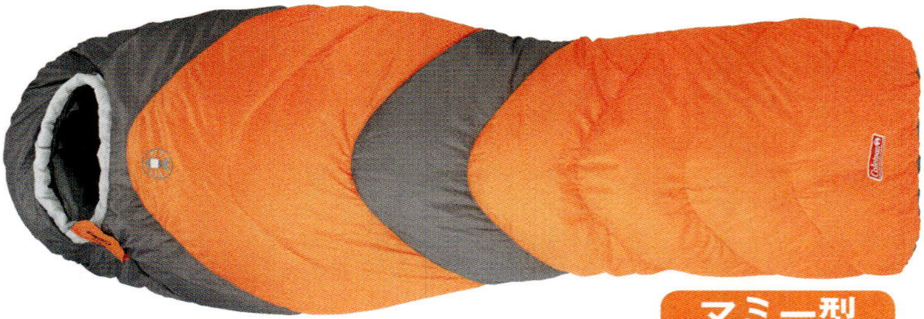

**マミー型**

**頭部までスッポリ収まり暖かい**

マミー(ミイラ)型シュラフは人間の体型に沿ってデザインされている。肩口から頭部まで包み込むので保温力は高い。サイズや素材、適応温度も幅広く設定があり、コンパクトに収納でき、通年キャンプを楽しむには最適。

**封筒型**

**布団のような快適さがある**

シュラフ自体が大きく、快適性を重視したオートキャンプ向き。2つを連結して使用することも可能で、家族キャンプを考えた設計が特徴だ。サイズにはバリエーションがあるが、収納はかさばる傾向がある。

## ストレッチタイプ

### 伸縮素材で不慣れな人でも安心

マミー型に比べ伸縮性の高いシュラフ。寝袋に不慣れな人は、独特の包まれる感覚のせいでなかなか寝付けなかったりすることもあるが、これなら安心。寝返りを打っても違和感がない！ありがたい設計だ。

## エアマット

### 2つのタイプが存在します

インフレータブルマットと呼ぶ、発砲ウレタンと空気を併用するタイプと空気だけを使用するタイプがある。インフレータブルマットはバルブを開いておけば自然に空気を含み、快適に使用できる。

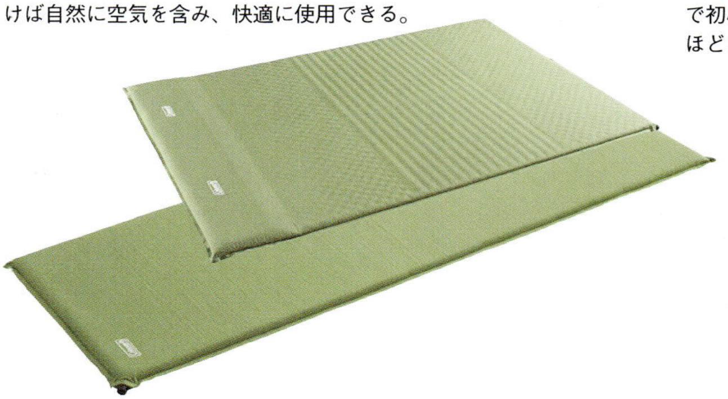

## フォールディングマット

### ラクに広がり収納も素早い

クッション性のあるEVAフォームという素材を採用。広げるときにカールしないので素早く敷くことが可能だ。収納も折りたたむだけなので初心者でも簡単。山岳ツアーにも使用できるほどコンパクト。

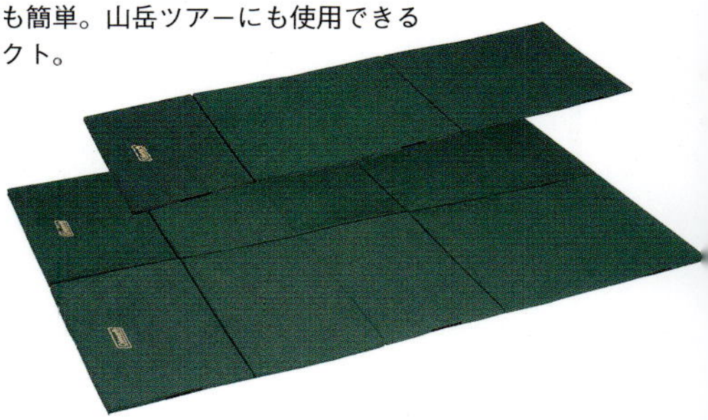

## エアベッド

### 極上の睡眠時間をお届

キャンプ場でありながら、自宅で寝
かのような快適なクッション性を追
したエアベッド。ただし、設営と撤
には時間がかかる。それを補って余
ある快適睡眠を求めるならばぜひ。

STEP UP

## シュラフカバーっていったいなんだろう？

夜つゆからシュラフを守るのが本来の目的。つまりテントを使用しない野宿のためにあるのがシュラフカバーだ。しかし、保温力もあるので、自分のシュラフだけでは寒いときにも使用できる。コンパクトに収納でき、大変便利。

## まくら

### あるとうれしい……

快適な睡眠を追求しようと思ったら、やはりまくらは不可欠。コンパクトに収納できるものがほとんどなので、荷物はさほど増えることはない。

# テーブル&チェアの種類と特徴

## 安全性と収納性を兼ね備えたリビングの必須アイテム

日本古来の伝統的「野遊び」は、花ゴザを敷いて遊ぶのが習慣でした。ライフスタイルが変わり、欧米型のオートキャンプを楽しむのに、テーブルとチェアは必要な存在になりました。なおテーブルとチェアには耐荷重が設定されていますから、確認して使用しましょう。

収納サイズが大きく違う

### テーブル&チェアの種類と特徴

ココで紹介する製品以外にも数多くの優れた製品が存在します。ここでは着目すべきポイントを挙げながら、代表的なテーブルとチェアの特徴を紹介します。

#### ロールテーブル

**くるくる巻いて収納 高さ調節もできる**

天板を巻いて収納するタイプなので、使用時にはすき間ができる。しかし、スタンドを取り外してコンパクトに収納することができる。スタンドは途中から外れて座卓としても使用できるのがうれしい。

#### フォールディングテーブル

**フラットな天板がとても使いやすい**

天板を2～4つに折りたたんで収納するテーブル。収納時の面積は大きいが、薄くまとまるのですき間を利用して積載することも可能。この製品は足を取り外すことができて、座卓としても使える。

3つのキャンプスタイルの特徴 »P024　テーブル&チェアのしまい方 »P095

## 収束型チェア

**収納サイズはコンパクトです**

写真メーカーの製品は独自の収束方式を採用していて、非常にコンパクトに収納できる。他社の製品でも簡単に細く収納できるので、実際に座り心地を確認してみよう。通常は収納袋が付属している。

## フォールディングチェア

**座り心地は最高です**

フラットに張った座面と、体に合う背もたれの構造は座り心地がよく、長時間座っていても大丈夫。ただ、収納時はやや大きく、まとまりも悪いので積載が難しいのが問題点。収納袋は付属しないのが一般的。

## コット

**テント内でも使える折りたたみベッド**

折りたたみ式のベッド。ベンチとしても使用できて便利だ。テント内での使用はツールームテントが便利だろう。

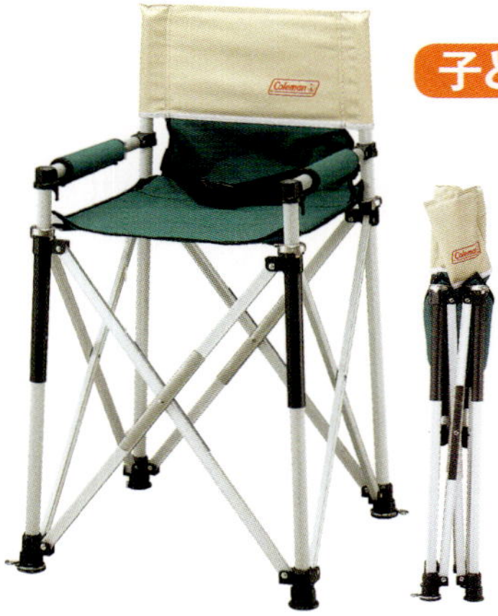

## 子ども用チェア

**収納サイズはコンパクトです**

子ども用のチェアは細身でやや高さがあるのが特徴。また転落防止のためのシートベルトや転倒防止用にペグを打てる構造のチェアもある。収納方法は収束型と同じ方式が多い。

楽しみを広げる

# ロースタイルアイテム

最近では、生活の高さを低くしたロースタイルに合わせた道具が増えています。ベーシックなスタイルよりも、全体的に収納サイズが小さくなるのがうれしい。

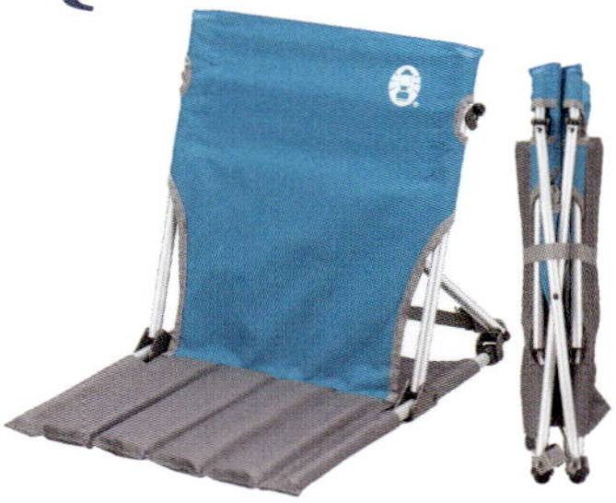

## ローチェア

**くつろぎの時間を提供してくれる**

座面が低く、ゆったりと座れるタイプが多い。グランドスタイルに合わせた座イスタイプのグランドチェアは、コンパクトな収納サイズがウリ。

## ローテーブル

**持ち運びにうれしいサイズ**

ロールテーブルの足が短くなったもの。キャンプ道具の中でも幅をきかせるテーブルも、これならコンパクトに運ぶことができる。

# ランタン&ライトの種類と各部の名称

## 夜のキャンプサイトを明るく照らす 魔法のアイテム

夜のサイトに欠かせないアイテムのひとつです。ランタンの明かりは白熱灯の光に似ていて、どこか懐かしく暖かみのある発光色が特徴なのです。ときに消して、ランタンの明るさに慣れた目には見えない夜空、暗闇を体感するのもキャンプの醍醐味のひとつです。

目的別に選択する

### ランタンの種類と特徴

ランタンには、大型で明るくガソリンを燃料にするタイプ、大型から小型までサイズが豊富なガスを燃料にするタイプ、さらにテント内でも使用できる電池式の３タイプがあります。懐中電灯に代表されるライトは、小型化が著しいLEDライトが中心。

#### ガスカートリッジ式ランタン

**サブランタンとして使用したい**

ガス燃料の交換はカートリッジ式なので簡単。点火や消火もワンタッチなので、手元に置いて必要に応じ、点火・消火を繰り返して使用するには最適なランタンだ。サイズも豊富で非常に小型のモノから大型のモノまで揃っている。

#### ガソリン式ランタン

**明るさは抜群です！**

給油時には神経を使う。またメンテも他にくらべれば複雑なのが残念だが、それを補ってあまりある魅力があるのがガソリンランタンだ。最初の一台としては自信を持ってオススメできる。伝統に裏付けされた雰囲気も最高。

STEP UP

## ランタンを自在に吊るす

ランタンは、時間や目的に応じて移動しながら使用する。発光と同時に高熱を出すので、ロープで吊るす場合はS管などの金具を使おう。

▲ランタンハンガーはタープなどのポールに掛けて使う。

▶ランタンスタンドには地面に刺すタイプと自立するタイプがある。

## ヘッドランプ

**主流はLEDランプです**

電池の消耗が少なく電池切れも起こさないLEDは、両手が自由になるヘッドランプに最適。小型電池を使用できるので軽量化も進んでいる。また多機能なヘッドランプも開発されていて、選ぶ楽しみも増えた。

## 電池式ランタン

**究極の手軽さ!**

電池の消耗を考慮してか、LED電球や蛍光灯を使っているので青白い発光色が残念。しかし燃焼しないので熱も出さずに安全に使用できる。もちろんテント内でも使用可能。3台目のランタンとしてオススメできる。







## メンテナンスに必要! 各部の名称と特徴

本書で詳しく触れているメンテナンス（P108）を理解するのに必要な、各部の名称と特徴をガスランタンを中心に解説していきます。

### ❶ ベンチレーター

**頭頂部のネジで取り外せます**

発光燃焼に伴い発生する熱とガスを排出し、空気を取り入れるための換気口。使用時は高温になる。

### ❷ マントル

**崩れやすい発光体**

ガラス繊維を燃焼させて発光体にしている。衝撃に弱い消耗品なので、交換部品を常備ておこう。

### ❸ ジェネレーター

**燃えやすくする機能**

燃料タンクから圧送されてあがってくる燃料を、細かなノズルを経由させて気化し燃えやすくする。

### ❹ グローブ

**ホヤと呼ばれることもあります**

マントルを風から防ぎ、安定した発光を促すためのガード。ガラス製で衝撃に弱く、掃除も必要。

### ❺ 自動点火装置

**ボタンひとつで点火します**

ポイントで示す部分は圧電点火式のスイッチ。点火しやすい場所にある。

### ❻ 光量つまみ

**明るさを調整します**

ガソリンランタンでに燃料バルブと呼ぶこともある。最も絞って明るい位置で使用する。

### ❼ 燃料

**ガスカートリッジ式です**

ガス式ランタンはカートリッジごと交換する。ガソリン式は給油口を開けてガソリンを補充。その後ポンピングして内圧を上げて使用する。

# これだけは用意したい「食」に必要な道具

## アウトドア料理を楽しく演出してくれる16のアイテム

ここに紹介する道具たちは、すべてが必要なワケではありません。もちろん、家庭で使用しているモノでも代用可能な道具があります。しかし、道具にはそれぞれ個性があり愛着も感じますね。専用道具独自の遊び心を感じることも楽しいと思えるのです。

機能美を求て

### 揃えておきたい「住」の道具

キャンプスタイルには個性があります。少人数で遠くへ出かける人もいますし、反対に大勢でワイワイを好む人もいます。「食」の道具は使う人に適したモノが最高なのです。

**ハードクーラーボックス**

大きなクーラーボックスは食材を入れると重くなる。50ℓ以下が使いやすいサイズ。足りない場合はソフトタイプと併用しよう。

**ツーバーナー**

4人以上の多人数のキャンプでは必需品。しかし少人数キャンプでは、シングルバーナーの複数使用が総合的に有利な場合もある。

**ウォータータンク**

水場のあるキャンプ場でもあると便利。装備豊富なオートキャンプでは、調理全般を自分のサイトで行うのが普通。身近に水は欲しいところ。

**バーナースタンド**

ツーバーナーをのせて使う台。一般的には汎用スタンドと呼ばれていて、ゴミ袋をかけて、ゴミ箱として利用することも可能。

**包丁・まな板**

アウトドア専用は小さなモノが多く使いにくい。家庭で使うモノをアウトドアで使用するのがベスト。

**食器類**

割れにくくシンプルなデザインであれば、家庭用の食器をキャンプ場で使うのもアリ。野外用は丈夫にできている。

**クッカー**

大鍋、中鍋、小鍋とフライパンがセットになっているのが一般的。素材はステンレス製が使いやすい。

楽しみを広げる

## できれば揃えたい「食」の道具

オートキャンプ最大の楽しみは食事だ！　と答える人が多い。その楽しみをより深く広げてくれる道具を紹介する。最初からすべてを揃える必要はない。少しずつ買い揃えて、長く楽しみたいアイテムだ。

**キッチンテーブル**

キッチン関係をすべてまとめて設置できる大型スタンド。長期キャンプでは、あると便利だろう。

**火起こし道具**

革手袋、火バサミ、斧、ナタ、フイゴ、うちわなどは常備しておきたい道具だ。

**バーベキューグリル**

バーベキューから炭火料理まで活躍する便利なグリル。和風の七輪も捨てがたい味がある。

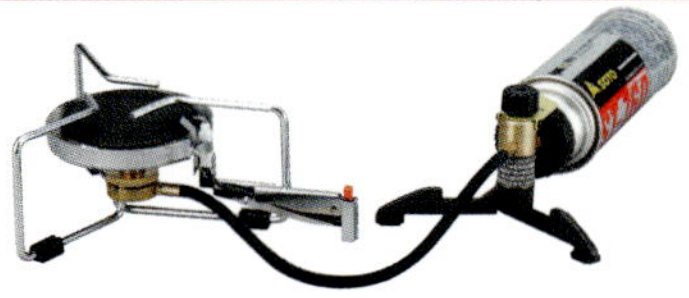

**シングルバーナー**

スグに使える小型バーナー。少人数のキャンプならこれを2つ持てば便利。

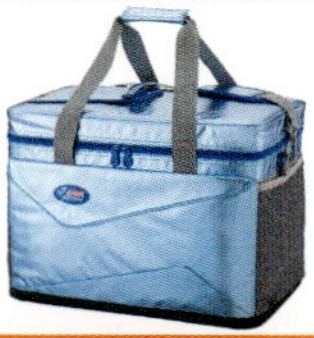

**ソフトクーラーボックス**

使わないときは小さく収納できるソフトクーラーボックス。サブクーラーに。

**ダッチオーブン**

あらゆる料理を可能にする万能鍋。重い鉄製の鍋は、使い込むほどに味が出る。

**スモーカー**

簡単な燻製ならキャンプ中にも完成する。小型のスモーカーなら持ち運びも簡単だ。

**ウォータージャグ**

テーブルに置いて使う。ウオータータンクと違って保冷力があるので、冷たい飲み物を入れておこう。

**焚き火台**

直火禁止のキャンプ場でも、これがあれば焚き火ができる。また火床の移動も簡単なので便利だ。

# バーナーの種類と各部の名称

## ひとつ用意するだけで アウトドア料理の幅が広がる！

本来のアウトドアクッキングとは、焚き火や炭火を利用して調理することかもしれませんが、食事のたびに火を起こすのは、時間の無駄ともいえます。そこでバーナーをひとつ持ちましょう。一杯のお茶も気軽に飲める、我が家同然の快適さを手に入れることができるのです。

ガスかガソリンか？

### バーナーの種類と特徴

バーナーにはシングルバーナーとツーバーナーがあり、それぞれにガスカートリッジ式とガソリン式があります。手軽に使えるのはガスカートリッジ式。燃費と火力ではガソリン式が有利。

**ガスカートリッジ式ツーバーナー**

**台所感覚で手軽に使える**

ガスカートリッジ式ツーバーナーはすべてがワンタッチで使用できることが魅力。しかし外気温が下がると火力が落ちることと、カートリッジガスを使い切るのが困難なことが難点。

**ガソリン式ツーバーナー**

**低温でも安定した強い火力**

ガソリン式ツーバーナーは、外気温度に関係なく強い火力を得られるのが魅力。大きな鍋も安定して載せられるので、大人数のキャンプには必需品だといえる。燃費のよさも長時間の使用ではうれしい限り。

ツーバーナーを使いこなす » P050　シングルバーナーを快適に使いこなす » P054
ツーバーナーのしまい方 » P094　ツーバーナーのメンテナンス方法 » P108

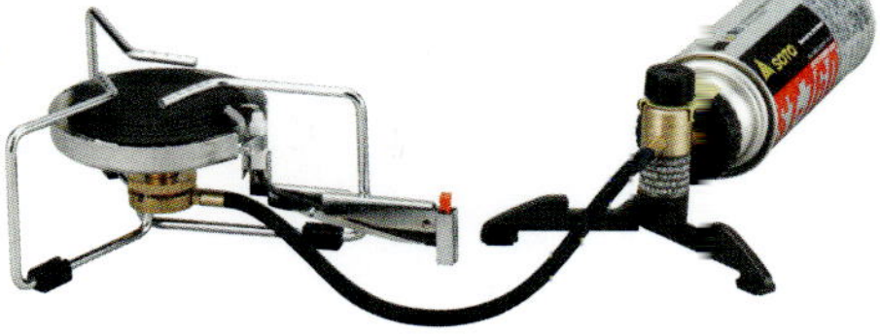

## アルコール式シングルバーナー

**コンパクトさなら一番！**

アルコールを燃焼させて使用する、究極的に荷物を減らすことのできるタイプ。軽装備を好むバックパッカーなどに人気がある。

## ガスカートリッジ式シングルバーナー(セパレートタイプ)

**高い安定性**

ガスカートリッジと燃焼するバーナー部が分かれているタイプ。鍋やフライパンをのせたときの安定性が高い。テーブルクッキングに最適。

## ガスカートリッジ式シングルバーナー

**究極の手軽さ！**

ガスカートリッジを付けて、たたんであるゴトクを広げるだけ。手軽に調理できるのがうれしいが、安定感にはやや欠ける。大きな鍋を使用する場合は注意。

楽しみを広げる

# できれば揃えたい「食」の道具

ここではガソリン式ツーバーナーとガスカートリッジ式シングルバーナーをもとに各部の名称と特徴を解説します。使い方はもちろん、P108で解説しているメンテナンス方法を理解するためにも、ぜひ覚えておきたいもの。

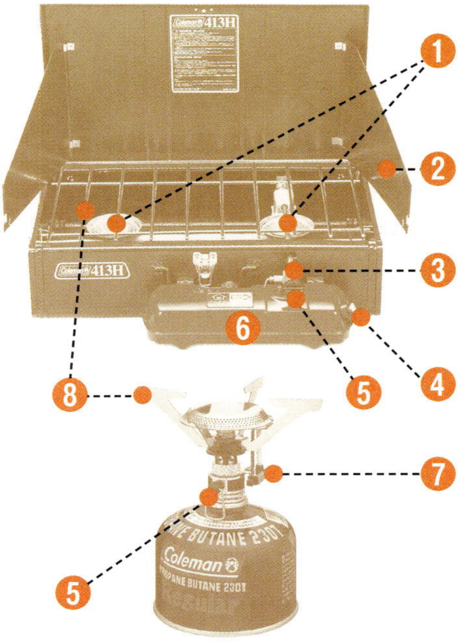


### ❺ 火力調整つまみ

**燃料バルブとも呼ばれる**

ガソリンやガスの噴出量を調整して火力を大きくしたり小さくしたりするツマミ。

### ❻ 燃料タンク

**ガソリンをためるタンク**

燃料を補給するときは燃料タンクを水平にして補給しよう。空気が入る空間も必要だ。

### ❼ 自動点火装置

**ガスカートリッジ式の特典！**

圧電点火方式で火花を出すので　ライターなどは不要。単体で点火する。

### ❽ ゴトク

**鍋をのせる台です**

このゴトクの広さとバーナー部の大きさで、使用できる鍋やフライパンのサイズが決まる。

### ❶ バーナー部

**火が出るところです**

青い炎が安定して出れば正常。赤い炎が不安定に出るようならメンテ時期だと判断できる。

### ❷ 風防

**サイドからの風をよける**

カバーを開けて燃料タンクとゴトクをセットしたら、カバーから起こしてセットする。フードとも呼ばれている。

### ❸ ジェネレーター

**ガソリンを気化する**

加圧されたガソリンはこのパイプを通りながら気化する。気化したガソリンが点火して燃える仕組み。

### ❹ ポンピングノブ

**燃料のガソリンに加圧する**

ガソリンを噴出させるために加圧するポンプ。通常は20～30回ほどポンピングする。

# クーラーボックス&タンクの種類と特徴

## 食料と水の保存に欠かせないクッキングアイテム

大切な「食材」と「水」にかかわる道具の紹介です。キャンプ場ではいわばクーラーボックスが冷蔵庫、ウォータータンクやジャグは水道であると考えてください。そうすれば、料理に限らずキャンプ生活には欠かせない道具だということがわかるでしょう。

大は小を兼ねません！

### クーラーボックス＆タンクの種類と特徴

大きなクーラーボックスは、非常に重くなってしまい使いづらいのです。4人のキャンプなら、45ℓくらいのハードクーラーボックスと、サブにソフトクーラーを使用するのがベストです。ウォータータンクは20ℓが目安です。

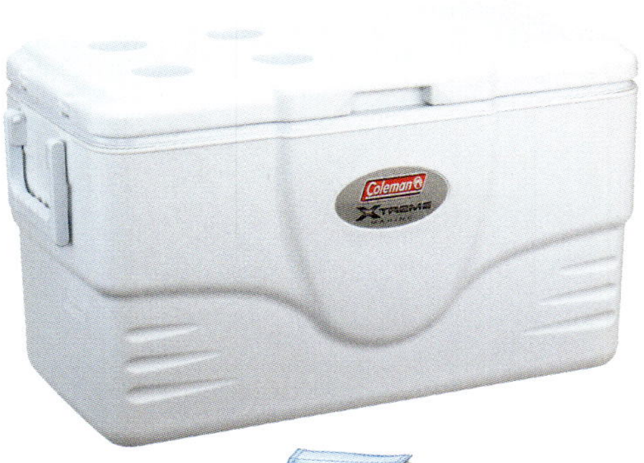


#### ハード クーラーボックス

**シンプルな構造を選ぼう**

一般的にクーラーボックスと呼ばれているのが、このハードクーラーボックス。シンプルなキャンプ用と、造りが少し複雑な釣り用がある。保冷力はシンプルなほうが優れている。

#### ソフト クーラーボックス

**使わないときは小さく収納できる**

最近多く見かけるソフトクーラーボックス。例えば飲み物専用ボックスとして使うなど、15～20ℓくらいのサイズをサブクーラーとして使用すると便利だ。

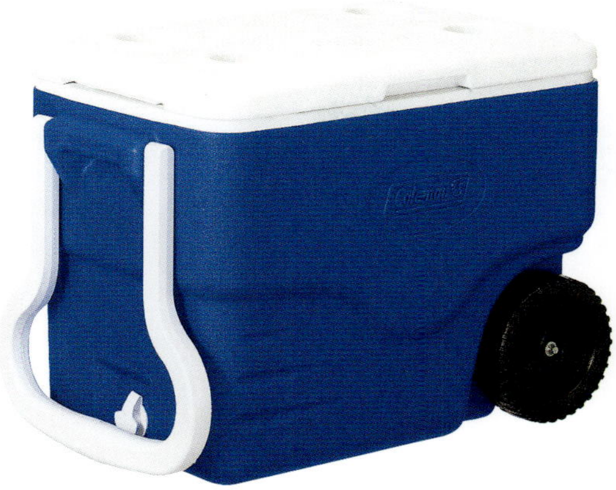

## キャスター付きクーラー

### 持ち運びに苦労しません

キャスターと持ち手のある大型のクーラーボックス。モノは大きくなってしまうため、車を選ぶクーラーボックスだが、その分容量も多い。フタにドリンクホルダーがあるため、簡易的なテーブルとして使うことも可能だ。路面状態がよければ便利。

## ハイパークーラー

### 高性能の保冷力

保冷力をさらに高めた高性能のクーラーボックスもある。一般保冷剤を使用しながら、通常よりも長く冷却させることができるので、ドライアイスを入れれば、アイスクリームをキャンプ場で楽しむこともできるだろう。夏場にはオススメ。

STEP UP

### さらに効果的に保冷するには？

サマーキャンプは日照時間も長く、長時間サイトに置いておくと、いかにクーラーボックスといえどその効果は長続きしないもの。スタンドの上に置いたり、保冷剤を使うことで、さらに冷却時間を長くすることができる。

▶底の汚れを防ぎ、地面の熱からも遠ざけることができる。かがむ必要もなく、出し入れがしやすく便利。

▶薄型でクーラーボックスに入れても邪魔にならないし、長い時間内部を保冷する助けとなる。

## ウォータージャグ

### テーブル付近に置いて気軽にスグに使える

特にサマーキャンプなどでは、保冷力もあるウォータージャグは欠かせない。サマーキャンプではテーブルの上に置いて、いつでも冷たい水が飲めれば、熱中症対策にも有効だ。クーラーボックスと同様にソフトタイプもあるので、好みで使い分けよう。

## ウォータータンク

### キッチンまわりに置きたい

水には不自由しないキャンプ場でも、近くに置きたいのが水だ。また節水の勉強にもなるので、まずは4人で一晩20ℓ以下で過ごしてみよう。なかなか面白いゲームになる。キッチン周辺に置いておけば、サイト内で効率よく調理を進めることができる。

# クッカー＆ダッチオーブンの種類と特徴

## 煮る、焼く、蒸す、炊く
## 何役もこなすマルチ調理器具

**キャンプクッカーとは、サイズ違いの鍋とフライパンを組み合わせ、コンパクトに収納できる鍋セットのことです。性能は高くありませんが、軽量化のために薄い素材を用いたり、焚き火や炭火にも置けるように、ハンドルは取り外せる構造になっているものもあります。**

特性を知って使いこなす

### クッカー＆ダッチオーブンの種類と特徴

キャンプクッカーは素材自体が薄いため、火力調節を間違うと、焦げてしまうので注意が必要です。またダッチオーブンは厚い鉄鍋ですから、蓄熱性の高さが自慢。加熱(プレヒート)して弱火で調理するのが基本です。

#### クッカー

**少し大きめが使いやすい**

1人用から10人用まで、サイズは豊富に揃っている。必要な容量より少し大きめのクッカーが使いやすいのでオススメ。オートキャンプなら重量は問題にならないはず。厚手のシッカリとしたクッカーを購入しよう。

#### マグカップ

**保温力は抜群です**

中空の二重構造で保温力を高めている。口元も熱くならず扱いやすい。しかし収納には不向き。カップごと火にかけても温めることができないほどの断熱性だ。

#### シェラカップ

**重ねて収納できるカップの定番**

シェラデザインという工房が開発・デザインしたアウトドア用品の傑作。積み重ねて収納できて使用感も抜群だ。熱伝導がよすぎて口元が熱くなるのが難点。

「クンクン法」でおいしいごはんを炊く »» P068　食器のしまい方 »» P089

## ダッチオーブン

### 重いけれども万能調理鍋

キャンプ料理の定番になりつつあるダッチオーブン。ほとんどの調理方法に対応できる。重たいフタと機密性で圧力鍋の効果もあり、煮込みに最適。

ダッチオーブンのフタは、加熱されると大変熱くなっている。専用のリフター（フタを持ち上げる道具）を使って持ち上げるようにしよう。

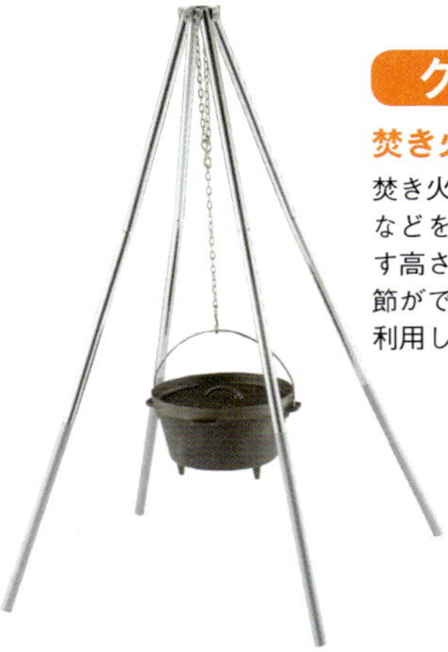

## クワトロポッド

### 焚き火の熱源を調理に使う

焚き火の上に鍋やダッチオーブンなどを吊るす際に使用する。吊るす高さを変えられるので、火力調節ができる。焚き火の熱源を有効利用しよう。

## ライスクッカー

### 熱伝導率で選ぶ

キャンプでご飯を炊く際に使うライスクッカー。バーナーなどでは火力が1カ所に集中しがちなので、肉厚の鍋でフタは重めのものが最適。土鍋も雰囲気があっていいだろう。



## ケトル

### 冬キャンプには欠かせない

お茶なりコーヒーなりを飲むにも、何かと必要になるケトル。熱伝導率の高いもので、はやくお湯が沸くものを選びたい。焚き火でも使うなら、取手が溶けないものを選ぼう。

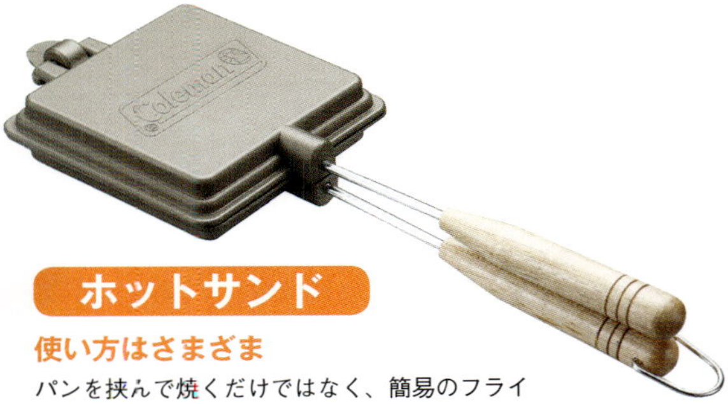

## ホットサンド

### 使い方はさまざま

パンを挟んで焼くだけではなく、簡易のフライパンとして使うなど、さまざまな用途がある便利なホットサンド。好きな具材を入れて、自分だけのホットサンドをつくってみよう。

STEP UP

### ダッチオーブンを快適利用

あらゆる調理法に対応できるダッチオーブンだが、それ自体が大変熱を持つ鍋なので、取り扱いには十分注意したい。手で持ったり、テーブルに直接置くようなことがないように注意しよう。

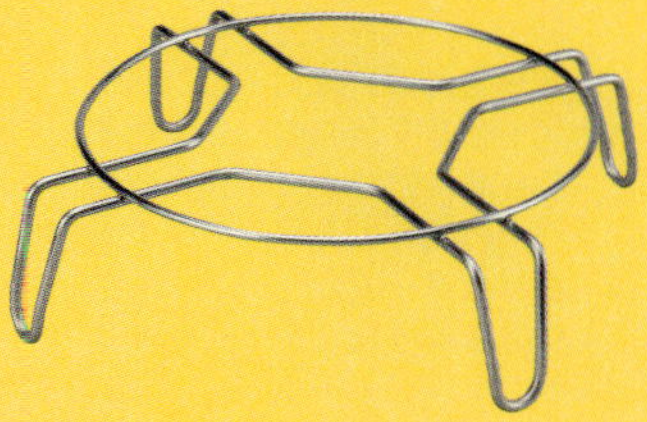

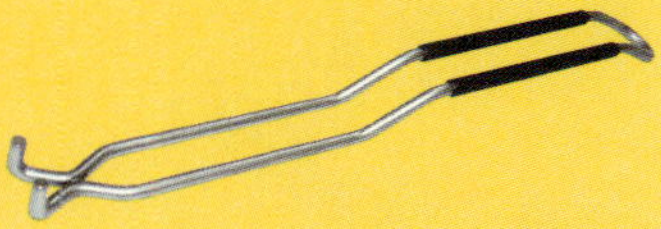

▲フタは手で持つのはNG。専用のリフターで持ち上げること。

◀テーブルを傷めないように、専用スタンドもある。

# グリル＆スモーカーの種類と特徴

## バーベキューと燻製料理を支える 調理道具の名脇役

日常生活から離れてキャンプ場に向かうワケですから、食事だって普段とは違う料理を楽しみたいと思うのは当然です。そんな気持ちに応えてくれるのが、ココに紹介するグリルやスモーカーたちです。炭火や燻製を存分に楽しむのも、キャンプライフのひとつです。

炎を操る醍醐味

### グリル＆スモーカーの種類と特徴

グリルには、炭火を使用するバーベキューグリルと、焚き火に使用する焚き火台があります。焚き火と炭火を兼用・混用すると、耐久性に問題がでます。スモーカーは、段ボールの簡易的なモノから大型まで種類は豊富です。

#### バーベキューグリル

**これ１台で食事がにぎやかになる**

網焼きと鉄板焼きを楽しむバーベキューには、欠かせないアイテム。卓上タイプとテーブル脇に独立させて置くタイプがある。また、これで焚き火をするとスグにダメになってしまうので、あくまで炭火で使用するように。

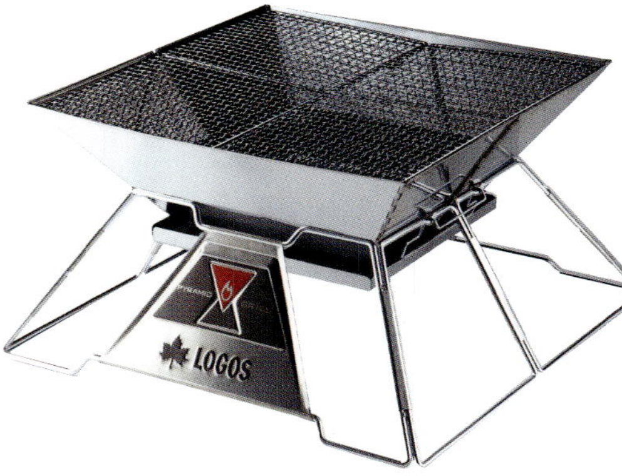


#### 焚き火台

**観賞から調理までこなす**

焚き火台は、直火不可の場所で焚き火をするための道具。移動や火力調整が簡単にできて便利な台だ。見るための焚き火から調理用まで用途があり、ダッチオーブンをのせることができる種類もある。

## LPガス バーベキューグリル

### 料理の幅が広がる

キャンプ用のグリルには、バーナースタンドを必要としない、ホイールが付いて移動がラクなものもある。料理の幅を広げてくれるグリルだ。ただし、ラゲッジスペース（車の荷物収納スペース）にはゆとりが必要。

## チャコールスターター

### 火起こしを加速させる

無風時は、なかなか炭に火がつかないものだが、それを加速させてくれるのがチャコールスターター。何もしなくても、煙突効果で炭に勢いのよい炎が立ち上がる。

### STEP UP 片付け上手な火消しツボ

灰置き場まで距離のあるキャンプ場では、灰の処理は何かと面倒なモノだが、この火消しツボに灰を捨ててしまえば、グリルの清掃も簡単。

### STEP UP 燻製をつくるケムケムの素

燻製つくりに欠かせないのが、木材を細かく砕いたスモークチップと、粉末にした木材を棒状に固めたスモークウッドだ。これらから出る煙が食材にかかり、独特の風味を醸し出す。

▲スモークウッドは、点火すると線香のように安定して燃え続けるので、初心者にも安心して使える。

▲スモークチップは燃えない容器に入れ、熱源を使ってチップを焦がして煙を出す。

## 熱燻専用スモーカー

### 自宅でも楽しめる

人気の熱燻製は、アウトドアだけではなく家庭でも楽しまれている。手軽に短時間でスモークでき、温度計が付属しているタイプもある。

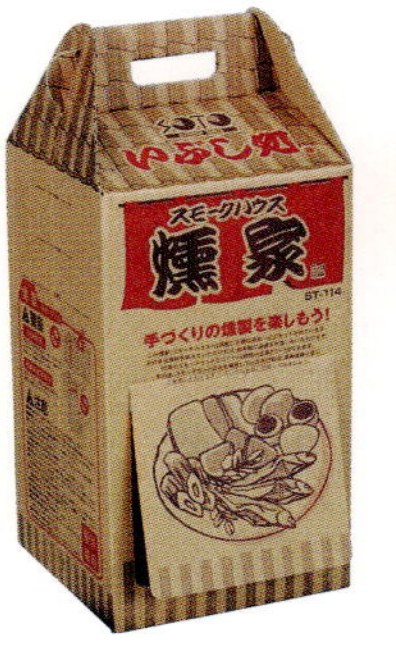


## 段ボールスモーカー

### 繰り返し使用可

安価な段ボールのスモーカーだが、回数を重ねての使用も可能。まず、燻製を試してみたいという人には最適だろう。

## スモーカー

### 持ち運びに便利

折りたたみができるタイプのスモーカー。小型だが、使用しないときや持ち運ぶときはたたんでおけばいいので、オートキャンプには最適といえる。

# 野外料理を楽しむために

一般的に、キャンプ料理のことを野外料理と呼ぶが、全ての料理・調理方法は屋内でも再現可能なので、真の野外料理メニューは存在しないといえる。炉端焼きをのぞけば一目瞭然だ。

野外料理とは普段のメニュー、食べたい料理を野外に持ち出すことなのだ。まずは即席ラーメンでもゆで卵でもいい、居酒屋の鍋奉行は、そのままアウトドア鍋奉行になろう。

次は燃費を考慮し、普段より短時間で仕上げるために、材料を小さめに切ることだ。火の通る時間を短くし、素材ごとにバラツキがある加熱時間を揃えるように切ることが基本だ。例えばニンジンは小さく形を揃えて切り、葉物は手で千切る程度でも構わないという意味だ。

最後は、キャンプ場付近で直接入手した食材を使った料理を楽しむことだ。面倒な調理は必要ない。旬の食材を生かした料理を楽しむことが究極の野外料理だと思っている。

PART 6

# オートキャンプ知っ得ファイル

オートキャンプに出かければ、人と車と自然を相手にするわけですから、これらが引き起こす不意のトラブルとも決して無縁ではありません。トラブルを避ける、あるいは迅速に対処するために、知識や情報が詰まった「引き出し」を頭に入れておくと便利でしょう。ここでは、オートキャンプをもっと楽しむための、知って得する情報を紹介します。

# 愛犬とのキャンプに必要なしつけの基本

## 犬連れキャンプは愛犬の不安を取り除き車に慣らすことからはじめます

ドッグラン付きのキャンプ場が増えてきました。愛犬をリードから解き放ち、自由に遊ばせることができるキャンプ場は愛犬家には魅力的。まずは車を好きになってもらうことからはじめましょう。車で出かけると必ず楽しい出来事が待っていると、愛犬に記憶してもらうことが肝心です。

## 近距離からはじめる
## 車に慣らす方法

理想的なのは、子犬のときから車に慣れさせること。子犬でも成犬でも最初は5分以内のドライブからはじめ、少しずつ距離と時間を延ばして慣らします。車から降りたら思い切り遊んであげて、車にのると楽しいことが待っている！　と記憶させることが大切です。

### レッスン1
### 車に近づける

犬はテリトリーを意識して行動する習性がある。不意に見知らぬ場所に置かれると不安がつのるので、まずは車のにおいや空間に慣れてもらう。家族と共有する楽しい空間だと認識すれば大成功。車を動かす前に行うこと。

### レッスン2
### 犬を抱いてリアシートに座る

車内に慣れたらドライブ開始。もっとも信頼している飼い主のヒザに抱き、安心させながら走ろう。息づかいが荒くなったり、落ち着かない場合は車酔いの可能性がある。停車して休み、無理をせず短距離からはじめる。

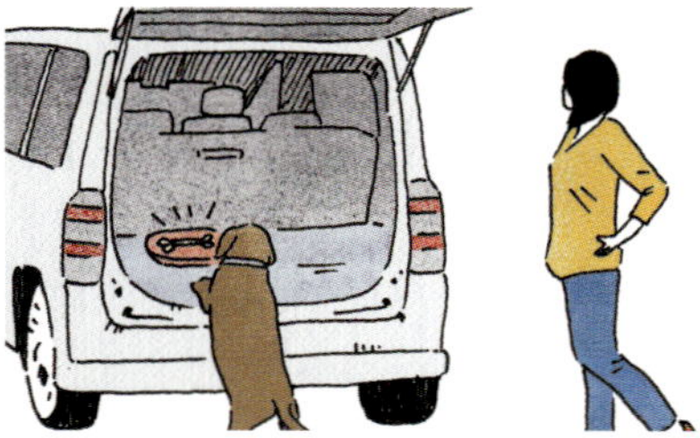

### レッスン3
### ラゲッジルームにのせる

落ち着いて乗車できるようになったら、飼い主のヒザから降ろす。ラゲッジルームに限らず、愛犬の安全確保のためにある程度自由を制限する方法をとろう。ケージに入れたり、犬用シートベルトの着用をオススメする。

## 教えておきたい 基本的なしつけ

愛犬とのキャンプに特別なしつけは必要ありません。普段から信頼関係ができていれば大丈夫です。しかし、噛まない、無駄吠えしないは最低限のルールですから、しっかり教えましょう。しつけは犬と人間の共存に不可欠です。

●スワレ●

「座れ」はしつけの基本中の基本。主従関係をハッキリさせるために絶対に必要。

●フセ●

「伏せ」と「待て」ができると、愛犬と共にレストランに出かけることも可能になる。

●オイデ●

愛犬がリードから離れても心配のないように教えておこう。愛犬の自由も広がるしつけだ。

●マテ●

「待て」ができないと、人間の行動が制限される。おとなしく待てるように繰り返し教えよう。

## 安全を確保する 車にのせる方法

走行中の車内で愛犬を自由に行動させると、不意に運転をじゃまされたり、気を取られて運転を誤る可能性があります。急ブレーキや衝突の力が加われば、シートベルトで守られた人間を飛び越え、ダメージを受けるのは愛犬なのです。

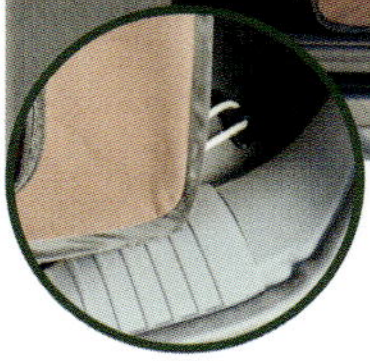

ケージはしっかり
クルマに固定しよう!

### その3 ケージに入れてのせる

ケージをラゲッジルームに固定して置く。慣れたケージは安心感を与え、狭さが万一のダメージを軽減してくれる。夜はケージで寝ることも可能。

### その1 シートをキズや汚れから守る

ネオプレーンゴム素材を使用した市販のマットをシートに敷いておくと、不意の嘔吐や失禁によるシートの汚れを軽減できる。

### その2 犬用シートベルトを着用する

衝突時の安全保証がない製品が多く残念だが、行動の制限や急ブレーキなら充分機能する。装着後、車のシートベルトに通す。

### ATTENTION!

**ドアからの飛び出しに注意!**
**事故を防ぐためのしつけ**

飛び出し癖を治すには、鼻先を挟まぬように注意しながら、無言でドアを閉めることを繰り返す。飛び出しをやめたら褒めて「マテ」と声をかけ、リードをつけて車外に出すようにしよう。

# キャンプ場でのマナーと繋《けい》留《りゅう》・就寝の方法

## 他人に迷惑をかけないことがドッグキャンパーの基本

噛まないことと無駄吠えせずに待てることが、キャンプ犬として最低限のルールです。かわいがるだけでしつけをおろそかにすれば、愛犬が不自由な思いをするだけ。叱られずにいつもケージの中にいる犬は幸せでしょうか？　しつけを受けた犬には大きな自由があるのです。

### 愛犬家だけではない キャンプ場でのマナー

犬連れキャンプには沢山の出会いがあります。見知らぬ人が愛犬に微笑みかけてくれたときは、笑顔で応えることも大切なマナーです。思いやりや気遣いの心を忘れずに、少し手間のかかる愛犬とのキャンプを楽しむ、心の余裕を持って出かけましょう。

**基本はリード着用！**

キャンプ場では愛犬をリードから解放してあげたいところだが、着用は絶対。愛犬家だけがキャンプを楽しんでいるワケではないので当然だ。もちろんフンの始末もキチンとすること。

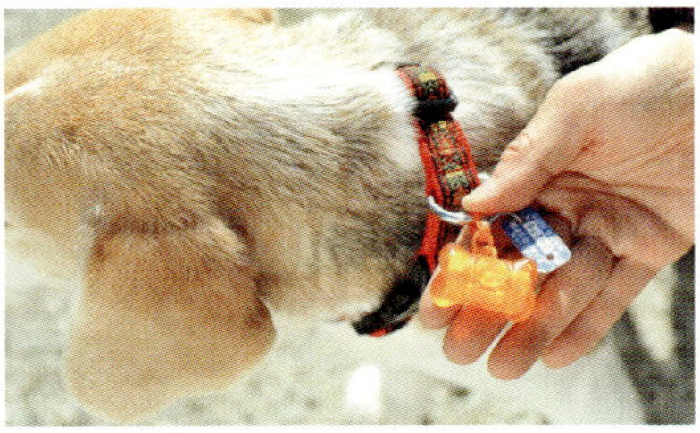

**名札をつけて安心感を得る**

写真のようなしゃれたネームタグも市販されているが、首輪の裏側には犬の名前と飼い主の連絡先を書く。これではぐれた場合の安心感が違う。もちろん愛犬の戻る確率も高くなる。

### ATTENTION!

**キャンプ場によってはペット不可のところもある**

さまざまな理由からペット入場禁止のキャンプ場が存在する。予約の段階で必ず確認するようにしよう。また、シーズンや曜日、敷地エリアによって制限のあるキャンプ場もあるので注意が必要だ。

きずなを深める

## テントの中での繋留・就寝の方法

お互いの信頼関係を深める時間です。犬連れのキャンプの就寝は、犬と人間が癒される時間だととらえて大切にしてください。ただし、テントの出入り口を犬は簡単に開けてしまいます。必ず繋留（つなぐこと）をして寝る習慣をつけましょう。

**市販の繋留用の杭とワイヤーを持参する**

サイトにいる間や、就寝時の繋留に使用。サイトにはフックやアンカーはない。車や立ち木の利用も可能だが、持参すると場所を選ばず便利。

**においのついたマットを用意する**

テントでの就寝は、慣れていないと犬も安心して眠れない。においのついているマットや毛布を持ち込んで、安心させてあげよう。

事前に慣らす

## テントの外での繋留・就寝の方法

室外飼育の犬はテント内での睡眠に抵抗する場合があります。不慣れなので眠れないのです。そんなときはケージや犬用のテントを設置します。新品を持ち込んでも犬は落ち着けませんから、自宅で慣らしておくことをお忘れなく！

**折りたためる軽量ケージも売っている**

写真は某DIY店オリジナルの軽量折りたたみ式のキャリングケージ。これ以外にも軽くて、たためるケージが沢山市販されている。普段使いも可能で便利。

**慣れたケージを前室に置く**

普段から使用しているケージを、タープ内やテントの前室に置けば、出入り口を閉めてもお互いに安心していられる。

STEP UP

### 不安を解消してあげるため愛犬が慣れた食器を持参する

愛犬がキャンプという環境に慣れるまでは注意が必要だ。不安感から下痢になったり、大丈夫だった音にも過敏に反応してしまうこともある。せめて食器は使い慣れたモノを持参して、愛犬を安心させてあげよう。

タンクと受け皿が合体した携帯用の水飲みは、散歩にも便利。

# ドッグランで犬を遊ばせる

## リードを外して犬も飼い主も思い切り駆け回ろう！

「ドッグラン」と呼ばれる犬専用の運動場は、犬が自由に遊ぶことが許された場所です。しかし、ここにもトラブルを避けるためのルールとマナーは存在します。伝染する病気を持った犬を入れないのはもちろん、発情期を迎えた場合や、その前後も入場は自粛しましょう。

ノーリードが基本

### ドッグランは犬の遊び場

ドッグランでもいきなりリードを放すのはルール違反！　愛犬が他の犬とケンカをしないことが確認できるまではリードを放さないこと。あなたの指示に従い、ノーリードで動けるかどうか自信がもてない場合も、リードを放さずに様子を見ることを忘れずに。

STEP UP

### 飼い主同士もふれあえる場所

ドッグランは愛犬家だけが集まる場所なので、犬だけではなく飼い主も楽しめる場所。愛犬家ならではの意見や、情報を交わす場所としての楽しみもあるだろう。

### ドッグラン利用上のルール&注意点

**フンの始末は飼い主の責任**

ドッグランで愛犬がしたフンは、そこのルールに従い飼い主が必ず始末しよう。

**病気の犬は入場禁止**

特に伝染する恐れがある病気の場合は、絶対に入場させないこと。

**発情期は入場禁止**

発情期の牝犬は、ドッグランだけではなくキャンプ場にも連れていかないのが基本。

知っておきたい

## ドッグランの施設

ドッグランといっても、その形態はさまざまです。無料で利用できるキャンプ場もあれば、利用時間に制限のあるところや、有料の場所もあるのです。ここでは基本的な施設の解説をしておきますので、利用の際の目安にしてください。

### ベンチ

**譲り合って利用しよう**

飼い主用に設置。混雑時は譲り合って利用しよう。犬が占拠してしまう場合もあるが、汚してしまったら掃除するのが飼い主の責任。

### アジリティー施設

**ゲーム感覚で楽しめる！**

犬と共に遊べるスポーツがアジリティー。犬にとっては難関を突破し、飼い主は全力で走るゲーム。競技会もあり、人気の高いスポーツだ。

### フィールド

**自然の地形を活用している**

平地から山の斜面をそのまま利用しているドッグランまで、形態はさまざま。地面は土が露出したところが多く、足元に適度な刺激を与える。

### 水場

**節水を心がけて利用しよう**

季節を問わず運動中は定期的に水を与え、脱水症に注意しよう。飲み水の確保と足を洗うための水場が設置されている場合が多い。

予防と対策

## 犬のトラブル対処法

犬連れのキャンプに起こりがちなトラブルと対処方法を解説します。事前に察知してトラブルにしないことが基本ですが、もしものときのために覚えておくと役立ちます。また、不安なときは必ず獣医師に相談することも忘れずに!

### 車酔い

**ひどい場合は予防薬を使おう**

獣医師の健診後に薬をもらうのが有効。軽い症状ならラベンダーやティーツリーなどの、アロマをハンカチに染みこませて嗅がせる方法もある。

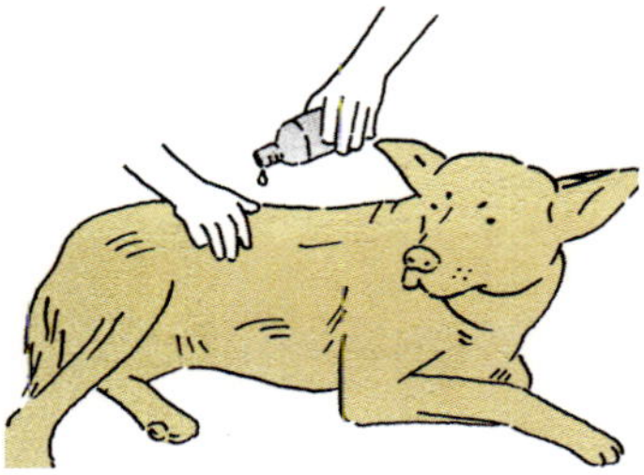

### ノミ、ダニ

**予防することがいちばん大事**

滴下型の薬を利用して予防。ダニの病気を犬がもらうこともあり侮れない。ダニを取るときはアルコールかイソジンを1滴垂らして弱らせてから。

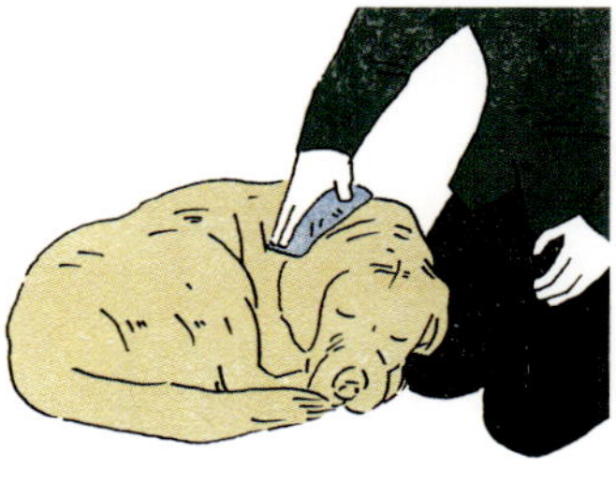

### 熱中症

**「ハァハァ」が続いたら危険信号**

体を冷やしてスグに獣医師に連れて行こう。暑さだけではなく、緊張から引き起こす場合もあるので注意。体温計を用意しておくことも大事。

### トゲが刺さった

**危険信号を察知して素早い対処を！**

まずは水で洗おう。発見できず取れないときは、獣医師に相談しよう。足を犬が舐め続けている場合は危険信号。特に注意が必要だ。

# 雨や夜つゆの対策を考える

## アイデアひとつで**悪天候**時を**快適**に過ごす

**穏やかな晴天のキャンプが快適なのは当然ですが、繰り返しキャンプをしていれば必ず出会うのが雨や風。台風のような暴風雨なら避難が必要ですが、シトシトと降る雨なら風情も増して楽しめるのもキャンプです。しかし、晴天時とは違う工夫が少し必要になるので解説しておきます。**

備えあれば憂いなし！

### 悪天候になる前にすること

「濡らさない」「飛ばさない」「雨水を溜めない」という3つの考え方が基本です。悪天候になってから慌てて対処するのではなく、雨などの予報が出た時点で出来ることは済ませておくと、体を濡らすことも少なく、快適にやり過ごすことができるでしょう。

**軒下に収納しておく**

普段はタープの外で使う道具を、テントの前室など雨に濡れない場所に移動しておこう。すのこの上に置いておくと、さらに道具が濡れにくい。

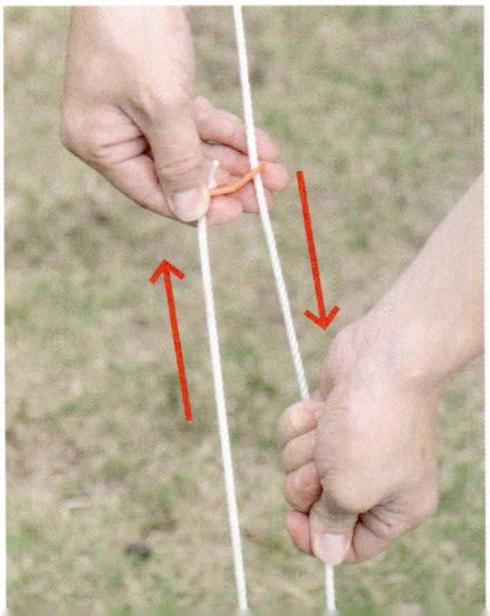

**張り綱の確認をする**

突風で飛ばされないように、張り綱のテンションが均一にかかっているかを確認し、自在フックで調節しておこう。

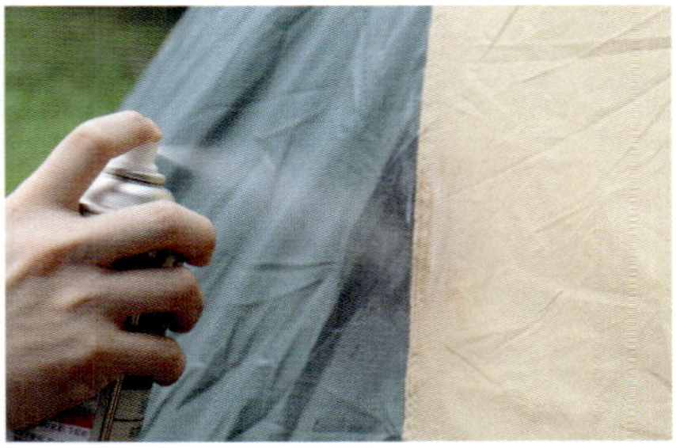

**防水スプレー**

防水処理をしておく。古いテントは縫い目を中心に、防水スプレーなどを吹き付けておこう。

## 水を逃がそう！ 雨水対応サイト術

雨水が溜まると、特に困るのはタープとサイトの足元です。出来るだけ水を溜めずに排水する工夫をしましょう。また、テントとタープを連携させておくと、濡れずに移動できて便利です。

### 水の逃げ道をつくる

タープの両側のポールの張り綱を緩め、真ん中のグロメット（ポールを刺す穴）からロープを地面に引く。なるべく1点に集中させた雨水を受け止めるように、バケツも用意しておこう。水溜まり対策にもなる。

### タープとフラップを連結する

テントの前室のフラップとタープを連結すれば、出入りの際に濡れない。

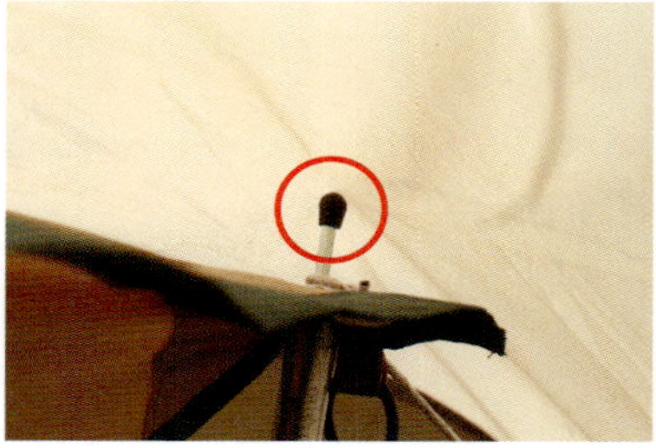

### 生地を守るキャップを付ける

タープとフラップを連結すると、生地が傷んで穴が空いてしまうことも。専用のゴムキャップなどを付けると、生地をキズつけずにすむ。

### グランドシートを折り込む

地面とテントの間に敷くシートは、完全にフライシートの内側にしまおう。

### すのこを利用する

入り口にすのこを置くと、テント内を汚すことが少なくて便利。

### 雨水を呼ぶ大きなグランドシート

地面の湿気対策に敷くグランドシート。専用品以外にもブルーシートで代用可能だが、サイズが大きい場合は必ず折り込んで使おう。写真のようにテントからハミ出すと、雨水の受け皿になり、テント内に水が浸入することもある。

## 乾燥は基本です 濡れ物対策

雨が降らなくても、夜つゆや汗で濡れてしまうこともあります。乾燥させて、いつまでも快適に使えるように管理しましょう。濡れ物放置は、カビが発生して取り返しのつかない結果になりますよ。

### タープやテントを乾燥させる

パタパタとあおり、水分を飛ばしてから乾燥させる。両面乾燥が時間短縮につながる。

### 寝袋も乾燥させる

寝袋（シュラフ）はファスナーを開いて両面を乾燥させよう。快適な寝心地のためにはコレが基本。

# 寒さ対策と暑さ対策を考える

## 寒暖差が大きな外気対策を優先して考える

本当に快適なキャンプは春と秋ですが、暑い夏や寒い冬でも工夫次第でキャンプは楽しめます。比較的温度が安定しているのは地熱（地面の温度）ですが、外気温は季節ごとに大きく変動します。暑さ寒さへの工夫は、外気を優先して対策するのが効果的なのです。

寒さを感じたら遅い！

### 寒さ対策

冬のキャンプ場で初心者に「寒くない？」と尋ねるとほとんどの場合「まだ大丈夫！」と返ってきます。しかし、寒さを感じてから対策をしても手遅れなのがアウトドア。一度冷えた身体を温めるのは難しいので、寒いと感じる前に対策を施すのが基本なのです。

**薪ストーブの使用は注意が必要**
密かなブームのアウトドア用薪ストーブ。テント内で使用する場合は、煙突が外に出せる、特殊なテントが絶対に不可欠だ。

**アウトドアヒーターを活用**
ガス燃料のアウトドア用のヒーターは遠赤効果もあり有効だが、換気には注意する必要がある。

**飲み物で体を温める**
お酒も含めて、飲み物には身体を温めるモノと冷やすモノがある。当然温める飲み物は有効。

**防寒用具は必需品**
対策ポイントは頭、首、足首。就寝時の湯たんぽやひざ掛けも効果的なのでおススメする。

## 怖いのは熱中症
# 暑さ対策

気づかないうちに脱水状態になり、命を落とす危険もあるのが熱中症です。ノドの乾きを感じなくても定期的に水分を補給して、帽子着用で日向を避けるのが基本的対策です。

### こまめに水分補給する

水の補給はノドの乾きを覚えてからでは遅い。朝は必ず飲み、その後も定期的に飲むことが肝心だ。

### メッシュ部を開放して風を通す

日本のテントはメッシュ面積が大きく機能的。積極的に風を入れよう。

### クーラーボックスの配置

食材や飲み物を入れるクーラーボックスは、日陰に置くだけで保冷効果と保冷時間が増進する。すのこや専用スタンドなどで、地面に直接置くことを避けるのも効果的。

### ファンを活用する

電池式の小型ファンが種類豊富に販売されている。風がないときには活用しよう。うちわも便利なので忘れずに！

STEP UP

### タープを張る方向は太陽の動きに合わせる

タープを張ることを雨対策と勘違いしている人もいるようだが、タープ本来の目的は日陰をつくること。長方形のレクタングラータープ(P35)や、扱い易い大きさでファミリーキャンパーには主流になっているヘキサタープ(P34)でも、太陽の動きを考慮して、タープの方向を決めるのが本来の張り方だということを忘れてはイケナイ。とはいえ、実際のフィールドではキャンプサイトのスペースの問題や、季節により変動する太陽の位置(高さ)。さらには風の方向なども考慮しながら最適な方向を選ぶことになるが、日陰づくりの基本をお忘れなく！

# 虫刺されの予防と対処

## 蚊やアブ、ハチなど キャンプの天敵“虫”に注意しよう！

キャンプ場が自然豊かな環境にあれば、そこは都市部よりもたくさんの虫が生息していることにもなります。楽しい虫も数多くいますが、なかには人体に害のある虫もいるので注意が必要です。人間がキャンプしやすい季節は、虫たちにとっても行動期であることをお忘れなく！

近づかないために

### 虫が集まる場所を知る

虫には好きな色やにおいなどがあり、好んで集まる場所があるのです。虫に近寄らないようにしたり、サイトから虫を遠ざける工夫をしてください。蚊は日没後の5～6時間に行動が活発になります。集中的に対応しましょう。

その1 川や水たまりを好む

水場は虫たちが生息しやすい場所。汗にも反応するので、特に暑い時期は蚊やアブに注意しよう。

その2 黄色を好む特徴がある

特に黄色を好む傾向がある。キャンプ用品やアウトドアウエアを購入するときは、考慮して選ぶようにしよう。

その3 酒や甘い香りも好き

ジュースや日本酒などを放置すると、そこに虫が集まってしまう。また二酸化炭素を好むので、飲酒後の息には相乗効果で強く反応する。

ランタンのレイアウト方法 »P040

寄せつけないために

## 虫刺されの予防方法

サマーキャンプでは必ず虫がやってきます。もちろん春から秋の長い期間、キャンプが快適な季節にも虫はやってくるのです。キャンプサイトに寄ってくる虫は撃退するしか方法はありません。ここでは刺されない工夫を紹介します。

### 蚊取り線香を置く

昔ながらの手法だが、とても有効だ。風上に置くのが基本だが、できれば四方に置くと効果が上がる。

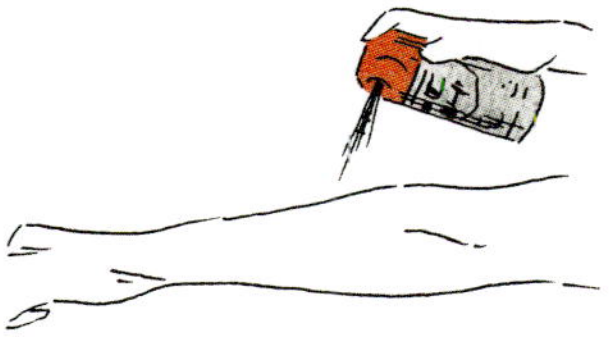

### 虫よけスプレーで寄せつけない

最近の虫よけスプレーは使用感の優れたモノが多くなり、快適に使える。ただし、有効なのは1時間が限度。こまめに塗布しよう。

### 長袖長ズボンで肌を露出しない

暑い時期でも、なるべく肌を露出させないようにしよう。単純だが、一番効果がある。ただし、着込みすぎて汗をかいては逆効果。

### ランタンを集虫灯にする

特に虫の多いサマーキャンプでは、虫を積極的に集める作戦を。手持ちで一番明るいランタンをサイトから少し離して設置し、虫をサイトから遠ざけよう。

刺されてしまったら

## 虫刺されの対処方法

蚊に刺される程度なら、かゆみを我慢すれば済むことですが、毒のあるハチやブユに刺されると長引き、また、場合によっては命にかかわることもありますから、おろそかにはできないのです。

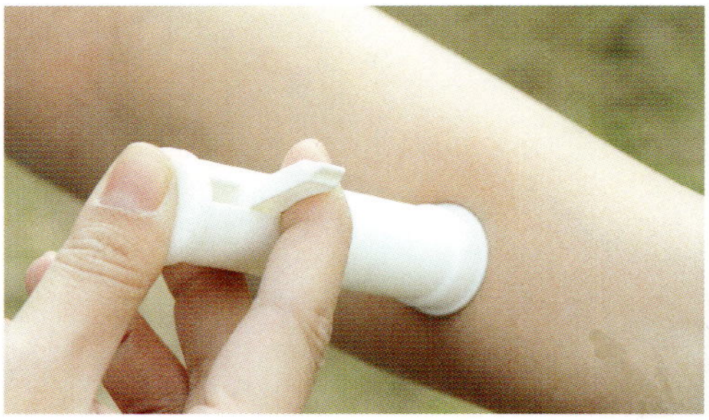

### ポイズンリムーバーで虫の毒を抜く

ポイズンリムーバーとは、虫の毒を抜くための道具で、アウトドア専門店で購入できる。毒虫に刺されたら、まずはこれを使って毒を抜いてから医者に行くことをオススメする。

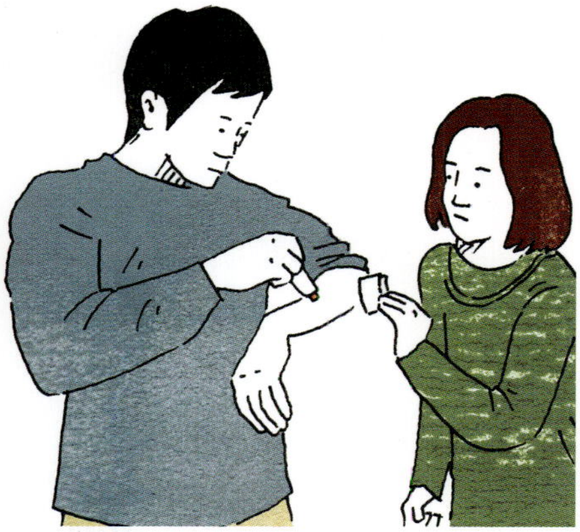

### 手軽に対処できるかゆみ止め軟こう

かゆみ止めの軟こうには、虫刺され全般に対応する薬がある。刺された場合にはこれを塗ろう。痛みがなく、かゆみ程度ならこれで対応できる。

# ファーストエイドキットとケガや病気の応急処置

## キャンプに“危険”はつきもの 症状を把握して 素早い行動を心がけよう!

キャンプ場は人里から離れた場所にあるのが普通です。そのため、緊急事態が起きてから病院に駆けつけるまでには、少し時間が必要です。万一のケガや病気には初期の手当が肝心ですから、少しでも症状を軽減させるために、手当の心得と必要な薬は持参するようにしましょう。

家庭の常備薬で大丈夫

### ファーストエイドキットを用意する

以下に挙げる薬がない場合は、購入して厚手のビニール袋などに入れて持参します。このなかで忘れやすいのが保険証のコピーです。原本は紛失の恐れもありますから、必ずコピーを持参するようにしましょう。

#### 薬の補給も忘れずに

右記の常備薬のなかで使用頻度が高いのは、消毒薬、ばんそうこう(カットバンなど)、虫刺され軟こう、胃腸薬、日焼け止め。知らず知らずのうちに使い果たしていることもあるので、補充と使用期限の点検を忘れないように!

● 揃えておきたいもの ●

- □ 消毒液
- □ 包帯
- □ ばんそうこう
- □ ガーゼ
- □ 脱脂綿
- □ 湿布剤
- □ 虫刺され軟こう
- □ 解熱剤
- □ 胃腸薬
- □ 日焼け止め
- □ 体温計
- □ ピンセット
- □ ハサミ
- □ 持病薬
- □ 保険証のコピー

症状を見極める

# ケガや病気の応急処置

もっとも怖いのは熱中症です。見極めが難しいため、放置すると命にかかわることになりかねません。予防策は帽子の着用と適度な休憩、充分な水分補給です。暑い時期には首筋を冷やすのも有効な方法です。

## 熱中症　死に至ることもある

あくびの連発、吐き気、頭痛やだるさを訴えたら危険！　涼しい場所に寝かせて頭と胸を冷やすこと。体温が38度以下になったらスポーツドリンクや薄い食塩水を与えるが、無理に飲ませてはイケナイ。

## やけど　冷やすことからはじめる

まずは冷やしてガーゼで保護。水疱はつぶさないこと！　着衣の下がやけどしている場合は、無理に脱がさずそのまま冷やす。やけどの面積が大きな場合は、冷やしたらスグに病院へ行こう！

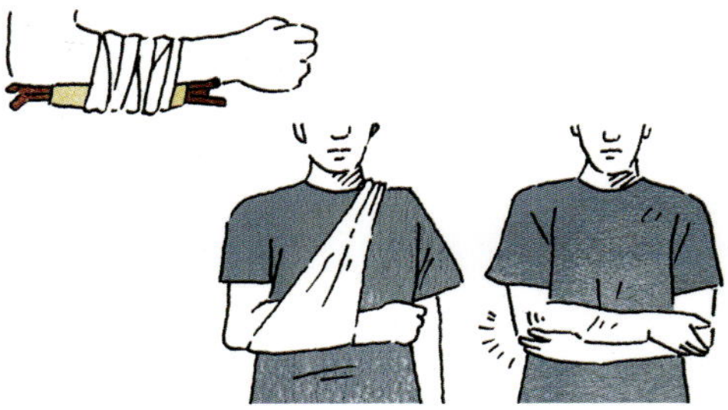

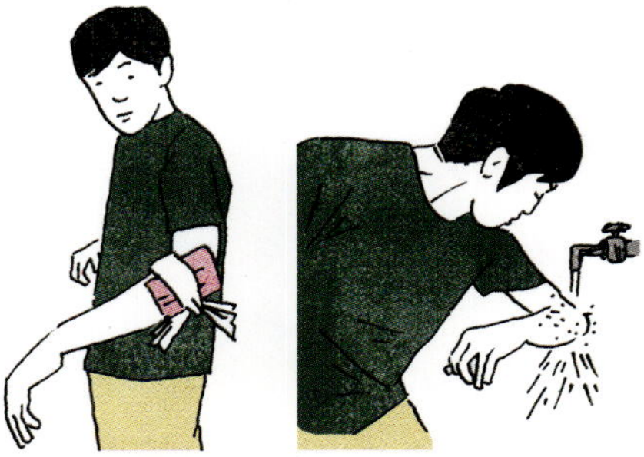

## 骨折　見極めが難しい

痛みが伴い、時間の経過と共に患部が腫れてきたら骨折の疑いがある。速やかに医者の手当を受けよう。素人の手当は悪影響を与える恐れがある。素早い行動を心がけよう。

## 擦り傷　消毒が最優先

擦り傷は患部をキレイな水で洗い流してから消毒。浅く面積もせまい場合は、抗生物質の軟こうを塗布。ひどい場合は消毒後に医者で手当を受ける。切り傷も同様。出血が多ければ止血してから病院へ。

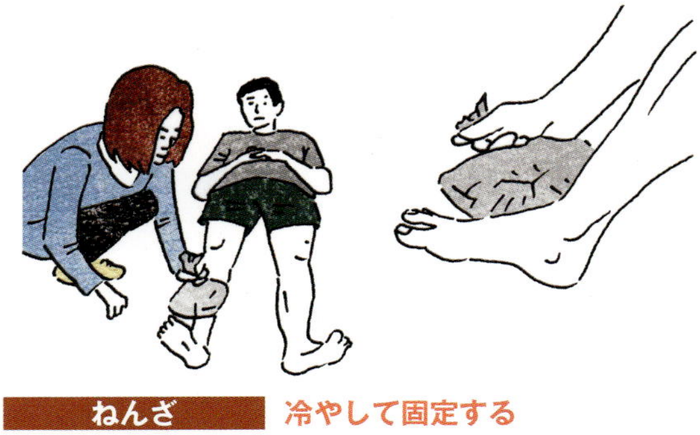

## ねんざ　冷やして固定する

患部に氷や湿布剤を当てて冷やす。次いで包帯や添え木を利用して患部を固定してから医者に相談する。ねんざを甘く見ると長引く恐れがある。早期に的確な判断を仰ぐことが大切だ。

## 打撲　冷やしてから手当する

内出血や炎症が考えられる場合は冷やす。濡れタオルや氷で冷やす間に、湿布剤を準備して貼る。時間が経過しても痛みが治まらない場合は、医者に診断してもらおう。

# 出発前の点検と帰宅後の洗車

## トラブルを未然に防ぐ 出発前後のカーメンテナンス

高性能な自動車も、点検を怠ると思わぬトラブルを招きます。日常とは違い、長距離を走る可能性も高く、積載量も段違いです。必ず点検して安全運行に努めてください。メカに自信のない人は、ガソリンスタンドやディーラーで点検してから出かけましょう。

### ボンネットを開ける 出発前の確認ポイント

基本点検はボンネットを開けて行います。ボンネット内の黄色いキャップの部分が、自身でのメンテナンスポイント。油脂や液量の確認だけですから、簡単です。また、忘れては困るのがタイヤの点検。普段でも１カ月に一度は点検しましょう。

**❶ウォッシャー液**
**よりよい視界確保のために**
写真は自分では補給しないタイプの車種。ガソリンスタンドやディーラーに依頼しよう。

**❷エンジン冷却液**
**夏場は特に確認が必要！**
エンジンが冷えているとき、上限と下限の中間にあれば正常。減っていたらトラブル！　必ず点検に出そう。

**❸ブレーキフルード**
**命を守る大切なもの！**
目視して満量付近まで入っていれば大丈夫。減っていたらブレーキパッドの摩擦の可能性がある。急いで点検に出そう。

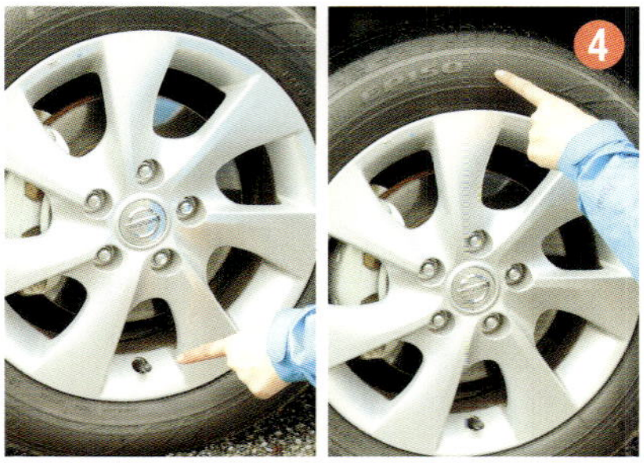


**❹タイヤ**
**空気圧とキズの点検**
空気調整はガソリンスタンドで行う。ほとんど無料なので、月に一度の調整とキズ、摩耗をチェック！

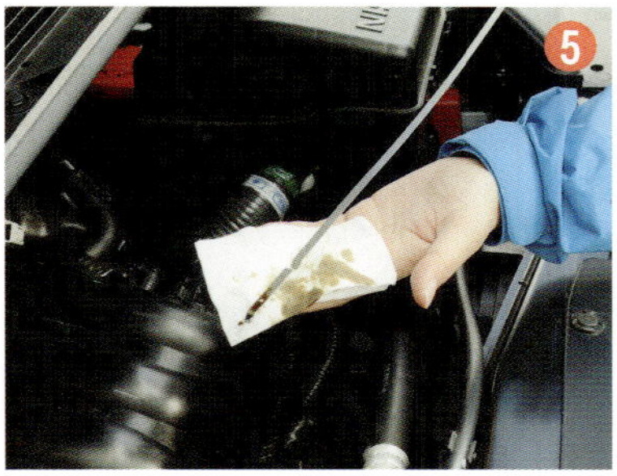


**❺エンジンオイル**
**ゲージを抜き取ってチェック**
エンジンオイルを点検。ゲージを抜き取り、布で拭いてから再度差し、再び抜いて量と質を見る。

汚れ放置は大敵

# 帰宅後の洗車方法

高速走行やラフロードなどは、いつも以上に車を疲れさせてしまいます。洗車しながら点検すると、トラブルも未然に防げるのです。帰宅後は速やかに洗車する習慣をつけましょう。コイン洗車場での方法を紹介します。

## ● 外装の洗車① ●

**ラジエーターコアを洗う**

虫などがラジエーターに飛び込み、目詰まりを起こすので、ラジエーターグリルに高圧水をかけて落とす。

## ● 外装の洗車② ●

**タイヤハウスの洗浄**

ラフロードを走行したら、必ず洗浄しよう。ドロが溜まり、車を重くしていることもある。

## ● 虫の除去① ●

**殺虫剤を噴霧する**

キャンプ道具に付着していた虫が、車内にいることもある。荷室を中心に殺虫剤を噴霧しよう。

## ● 虫の除去② ●

**空調は内気循環にする**

殺虫剤の噴霧後、内気循環にして窓を閉めしばらく放置。最新車ではキーを差していないと起動しないことも。

## ● 室内の清掃① ●

**細やかな石やゴミは掃除機で**

車内には凹凸があり、凹んだ部分には小石などが溜まる。掃除機で吸い取るのがいちばんだ。

## ● 室内の清掃② ●

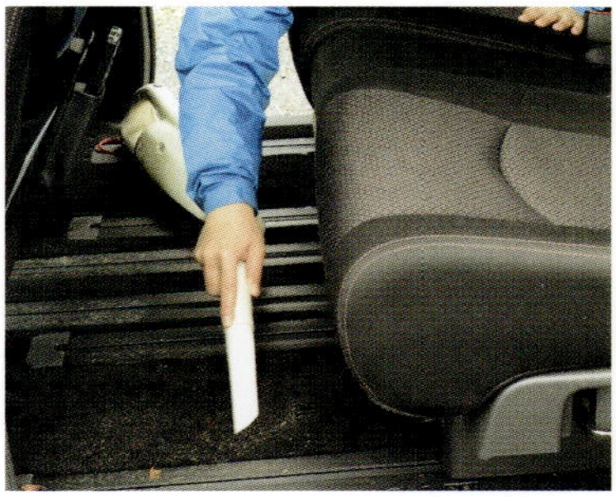

**足元の清掃**

足マットも、ドロ汚れがひどい場合を除いても掃除機を活用。洗ったら完全に乾燥させて車内に戻そう。

## ● 室内の清掃③ ●

**シートの清掃**

シートは固く絞った布を一定方向に動かして掃除する。ペットの抜け毛も簡単に取れる。

### ATTENTION!

**メカに自信のない人は販売店やディーラーを頼ろう**

自動車はどんなに高性能になったとしても、点検整備は欠かせない。最新車はエンジンルームの黄色い部分をメンテナンスポイントにして、わかりやすくなっている。それでも自信のない人は、販売店で点検を受けてから、出発する習慣を持とう。

# キャンプ場のマナーと持ち物チェックリスト

## 節度と道具を持ち合わせたら立派なキャンパーの仲間入り！

キャンプは自然のなかで自由に楽しむものです。「これをしなきゃいけない！」という決まりはありません。しかし、キャンプ場をよく理解しておかないと、本質を逸脱する恐れがあります。そのため、絶対に守らなければいけないオキテも存在するのです。

思いやる気持ち

### キャンプ場のマナー

キャンプ場にはマナーとルールが存在します。それはみんなが気持ちよくキャンプをするためのものですから、守るのは自分のため！　楽しい時間を嫌な気分で埋めないように、お互い気をつけましょう。

#### 礼

**まわりのキャンパーへのあいさつを心がけよう！**

欧米人は目と目が合うとほほえみ、あいさつを交わす。私たちも欧米型のキャンプを楽しむワケなので、あいさつをしてみよう。とても気持ちがいいものだ。キャンプ場で、友人をつくるキッカケにもなるだろう。

#### 静

**早朝・深夜の騒ぎは迷惑・トラブルのもと！**

キャンプ場の夜は早い。慣れたキャンパーのなかには、早朝のすがすがしさを求めている人も少なくない。静かに話しているつもりでも、夜は声が響き、迷惑をかける恐れがある。早寝早起きを心がけよう。

#### 守

**キャンプ場で決められたルールは必ず守ろう！**

各キャンプ場には「みんなが安全に楽しむためのルール」がある。従わない場合は時間にかかわらず、強制退場させられる場合もあるので、キチンと守ろう。ルールを守らない退場者には、使用料金の返金もないのは当然。

#### 優

**キャンプ場は自然の宝庫地球に優しい行動を！**

日々の暮らしと同じことだが、キャンプ場でも小さな草花や虫に優しい生活をして、地球に無用なダメージを与える行為は慎もう。大人が手本を示すことで、子どもたちにも環境に優しい行動を教える学習の場にもなる。

これがあれば困らない

# 持ち物チェックリスト

キャンプ場に到着してから、忘れ物に気づいても手遅れです。不自由な思いをしないためにも、出発前に持ち物点検をしておきましょう。そんなときのために、使いやすいチェックリストをつくりました。

◎＝必須アイテム　○＝あれば便利なアイテム

## ● キッチンまわり ●

| | |
|---|---|
| ハードクーラーボックス | ◎ |
| ソフトクーラーボックス | ○ |
| 保冷剤 | ○ |
| 氷 | ◎ |
| 食料・飲み物 | ◎ |
| ツーバーナー | ◎ |
| バーナースタンド | ◎ |
| シングルバーナー | ○ |
| キッチンテーブル | ○ |
| ウォータータンク・ジャグ | ◎ |
| まな板・包丁・ナイフなど | ◎ |
| クッカー | ◎ |
| 食器類 | ◎ |
| カトラリー | ◎ |
| シェラカップ | ○ |
| マグカップ | ◎ |
| ダッチオーブン | ○ |
| バーベキューグリル | ○ |
| スモーカー | ○ |
| 焚き火台 | ○ |
| 七輪 | ○ |
| ライター | ◎ |
| トーチ | ○ |
| 着火材 | ○ |
| 軍手・革製グローブ | ◎ |
| うちわ | ◎ |
| トング | ◎ |
| ナタ | ○ |
| 新聞紙 | ◎ |
| アルミホイル・ラップ | ◎ |
| ファスナー付きビニール袋 | ○ |
| キッチンペーパー | ◎ |
| ゴミ袋 | ◎ |
| 洗剤 | ◎ |
| スポンジ・タワシ | ◎ |
| ゴム手袋（炊事用） | ○ |

## ● テントまわり ●

| | |
|---|---|
| テント一式 | ◎ |
| グランドシート | ◎ |
| テントマット | ○ |
| パーソナルマット | ◎ |
| シュラフ | ◎ |
| シュラフカバー | ○ |
| ブランケット | ○ |
| 枕 | ○ |
| シャベル | ○ |
| すのこ | ○ |

## ● リビングまわり ●

| | |
|---|---|
| タープ一式 | ◎ |
| テーブル | ◎ |
| チェア | ◎ |
| コット | ○ |
| ランタン | ◎ |
| ランタンスタンド | ○ |
| テーブルクロス | ○ |

## ● そのほか ●

| | |
|---|---|
| 防寒着 | ◎ |
| 着替え・洗面具 | ◎ |
| レインウエア | ◎ |
| サンダル | ○ |
| 帽子 | ◎ |
| タオル・ぞうきん | ◎ |
| 予備ポール・ペグ | ○ |
| 予備マントル | ◎ |
| カラビナ・S管・ロープ | ○ |
| 各種燃料 | ◎ |
| ファーストエイドキット・保険証のコピー | ◎ |
| 蚊取り線香・虫除けスプレー | ○ |
| かゆみ止め薬 | ◎ |
| ヘッドランプ・懐中電灯 | ◎ |
| 携帯ラジオ | ○ |
| コンテナボックス | ○ |
| トイレットペーパー | ○ |
| メンテナンス・リペアキット | ○ |

## あとがき

子どものころに憧れた情景を目指して、キャンプを続けている。幼稚で恥ずかしいが、古いアメリカ西部劇「ローハイド」の世界が憧れだ。いつかは馬に乗って、西部開拓時代のカウボーイのようなワイルドな旅をしたい、と願い続けてこの歳になってしまったが、バイクキャンプにも出かけ、疑似体験だと思っているから頭がワルイらしい。数え切れないほどキャンプをしてきたが、厳しいキャンプ、失敗した出来事ほど記憶に残り、懐かしい思い出に換わっている。最低気温がマイナス28度の北海道でキャンプをした夜は、ウイスキーがトロリとして、吐息が凍ってテントは結露した。テントの隅に置いたビールが凍ってしまう寒さは、痛みとして記憶している。

口元にツララが出来て目覚めた朝には、ダイヤモンドダストを見た。寒さではなく、感動に震えた。刺すような寒さに耐えながら撮影したオーロラ。出現を待つ間には凍ったバナナで釘を打って遊んだ。獣の声を聞きながら、アフリカのサバンナに寝た夜もあるが、何故か怖くは無かった。

キャンプを沢山してきたが、目的は時間割のない空間に身を置くことであり、季節や場所は二次的な要素だと思うようになった。キャンプで得られる心の解放と安らぎは、場所や季節とは無関係にも思える。少しの失敗は素敵な思い出になる。いざ！　心配無用のキャンプに出かけよう。

ピース！

**太《おお》田《た》 潤《じゅん》**

**写真家・野外料理研究家。**
**1954年横浜生まれ。**


東京綜合写真専門学校卒業。現在は写真家、野外料理研究家として撮影及び執筆活動中。キャンプツーリング歴は、国内、海外を問わず豊富で旅の写真展なども開催する。著書に『大満足のバーベキュー料理80』『オートキャンプ大事典』『簡単！燻製づくり50』(大泉書店)、『麦酒のつまみ』(家の光協会)、『アウトドアクッキング大事典』(成美堂出版)、『中華なべで15分！ 燻製おつまみ』(講談社)、バイク関連本など多数。自費出版の焚き火DVD「たき火の詩」http://otaworks.hubclub-house.net/で発売中。

ブログ　http://otaworks.at.webry.info/


■ 写真撮影　太田潤
■ 編集　フィグインク
■ 編集協力　山森京子
■ 撮影協力　河原信幸、北原千恵美
■ 本文デザイン　菊池高太、谷由紀恵(スタジオダンク)
■ 本文イラスト　越井隆
■ 取材協力　日産自動車、ファミリーパーク那須高原、那須ログコテージフィンランディア、ウェルキャンプ＜西丹沢＞、イレブンオートキャンプパーク、大子広域公園オートキャンプ場グリンヴィラ

**012OUTDOOR**
# オートキャンプ パーフェクトマニュアル

2013年6月15日　発行

著　者　太田　潤
発行者　佐藤龍夫
発　行　株式会社 大泉書店
住　所　〒162-0805 東京都新宿区矢来町27
電　話　03-3260-4001(代)
ＦＡＸ　03-3260-4074
振　替　00140-7-1742
印刷・製本　凸版印刷株式会社





URL　http://www.oizumishoten.co.jp/
ISBN 978-4-278-04727-1 C0075





本書は、2005年に出版された『オートキャンプ完全マニュアル』を増補・再編集したものです。

● 商品及び商品画像提供

コールマン ジャパン株式会社
http://www.coleman.co.jp

新富士バーナー株式会社
http://www.shinfuji.co.jp/

ロゴスコーポレーション
http://www.logos.ne.jp/

株式会社コロンビアスポーツウェアジャパン
http://www.columbiasports.jp/

チャムス表参道店
http://www.chums.jp

株式会社小川キャンパル
http://www.ogawa-campal.co.jp

モンベル・カスタマー・サービス
http://www.montbell.jp

イワタニ・プリムス株式会社
http://www.iwatani-primus.co.jp/

株式会社ユニフレーム
http://www.uniflame.co.jp

ソニーマーケティング株式会社
http://www.sony.jp/